Wie ein Vogel im Flug

Doris Zölls

Wie ein Vogel im Flug

*Vertrauen gewinnen
aus den Quellen des Zen
mit Texten des Shinjinmei*

Patmos Verlag

VERLAGSGRUPPE PATMOS

PATMOS
ESCHBACH
GRÜNEWALD
THORBECKE
SCHWABEN
VER SACRUM

Die Verlagsgruppe
mit Sinn für das Leben

MIX
Papier | Fördert gute Waldnutzung
FSC® C014496
FSC www.fsc.org

Klimaneutral
Druckprodukt
ClimatePartner.com/14549-2003-1001

Die Verlagsgruppe Patmos ist sich ihrer Verantwortung gegenüber unserer Umwelt bewusst. Wir folgen dem Prinzip der Nachhaltigkeit und streben den Einklang von wirtschaftlicher Entwicklung, sozialer Sicherheit und Erhaltung unserer natürlichen Lebensgrundlagen an. Näheres zur Nachhaltigkeitsstrategie der Verlagsgruppe Patmos auf unserer Website www.verlagsgruppe-patmos.de/nachhaltig-gut-leben

2. Auflage 2023

Verlagsgruppe Patmos in der Schwabenverlag AG, Ostfildern
www.verlagsgruppe-patmos.de

Umschlaggestaltung: Finken & Bumiller, Stuttgart
Gestaltung, Satz und Repro: Schwabenverlag AG, Ostfildern
Druck: GGP Media GmbH, Pößneck
Hergestellt in Deutschland
ISBN 978-3-8436-1478-8

Inhalt

Vorwort

Über Zen zu schreiben ist im Grunde genommen nicht möglich. Dies ist mir immer wieder bewusst geworden, wenn ich über Zen-Erfahrungen in einem Buch geschrieben habe. Zen ist unmittelbares, bewusstes Erleben, das weder mit Worten noch mit Buchstaben erfasst werden kann. Tee zu trinken ist einfach etwas anderes als über Tee zu schreiben oder zu sprechen. Jedes Erleben ist – ob bewusst oder unbewusst – unmittelbar. Worte darüber, auch die in diesem Buch, sind immer nachgeordnet und daher nur ein Abbild des Geschehens.

Obwohl es also unmöglich ist, Zen zu beschreiben, hatte und habe ich nach wie vor den Wunsch mit Worten Menschen dafür zu begeistern, sich auf das Wagnis Zen einzulassen, damit sie kennenlernen, wie es sich anfühlt, authentisch und erfüllend zu leben und sich nicht nur mit Bildern, Vorstellungen und Konzepten zu begnügen.

Leider entwachsen wir diesem direkten Leben, wenn wir älter werden.

Die kindliche Welt vor dem Ich

Kinder haben unbewusst einen Zugang zu diesem Unmittelbaren. Ich kann dies an meinen Enkelkindern gut beobachten. Sie können von Sekunde auf Sekunde in einen anderen Augenblick wechseln. Kein Gedanke hält sie an dem Vergangenen fest, kein Gedanke an die Zukunft reißt sie aus dem Augenblick. Doch stelle ich auch fest, wie sich ihr Verständnis zur Welt mit Zunahme der Fähigkeit zu denken verändert. Bevor sie „ich" sagen konnten, waren sie das Spielen und das Spiel selbst. Alle ‚Spielsachen' waren in ihnen. Sie waren die Spielsachen selbst. Einmal saßen wir in einem für mich fiktiven Boot, wir ruderten ohne Ruder, wurden über Bord gespült und fielen ins Wasser. All dies bedurfte keiner äußeren Mittel. Alles spielte sich jedoch nicht nur im Innen der Kinder ab. Es waren nicht ihre Vorstellungen, die durch überreiche Fantasie in ihnen real erschienen. Sie waren unmittelbar das Boot, das Ruder, das Wasser und alles andere auch. Sie strengten sich beim Rudern an und waren die Anstrengung, das Boot und gleichzeitig die Ruder. Sie waren nass beim Hineinfallen ins Wasser und waren das Wasser selbst, sie kletterten wieder ins Boot, sie waren das Klettern und das Boot. Bei Kindern ist dieses Erleben unbewusst, doch wird sich der Erwachsene dessen bewusst, dass das Außen das Innen ist, stülpt sich sein ganzes Leben um.

Der Feind sitzt in den eigenen Gedanken

In meinen Sesshins werden alte Texte rezitiert. Einer dieser Texte ist das *Shinjinmei* aus dem 6. Jahrhundert. Es stammt aus dem alten China. Noch nach Jahren langer Rezitation erfasst mich immer wieder Ehrfurcht vor diesem Text, und er erfüllt mich mit großer Bewunderung, weil er so schlicht und klar den Weg des Zen beschreibt. Man braucht kein Buddhist zu sein oder sich in der Philosophie auszukennen, um ihn zu verstehen. In seiner ganzen Aussage und Ausdrucksweise ist er Zeit und Kultur übergreifend. Es ist ein alter Text aus dem 6. Jahrhundert, doch er beschreibt nicht die Situation der damaligen Zeit, hat nicht die Schwierigkeit der Menschen nur zu dieser Zeit im Auge. Dann erschiene uns der Text vermutlich fremd. Wir würden von außen und von fern darauf schauen. Der Text erfasst jedoch eine anthropologische Grundstruktur, die sowohl für die Menschen damals galt als auch uns heute angeht.

Vertrauen gehört zum Sosein des Menschen.

Angesichts der Herausforderungen, dem Leid, das das Leben allen Lebewesen auferlegt, haben wir Menschen Angst. Wir wollen das Leid vermeiden, und in uns entwickelte sich der Drang, das Leben in den Griff zu bekommen. Wir erzählten uns Geschichten darüber, wie das Leid, ja sogar der Tod zu überwinden seien.

Seng-ts'an, der Verfasser, sagt in seinem *Shinjinmei,* dass die Geschichten uns in die Irre führen und keine Lösungen haben, das Leid zu überwinden. Wir müssen das Problem an der Wurzel anpacken.

Wir können den Widrigkeiten des Lebens nicht entkommen, auch wenn wir die Ursachen in die Vergangenheit und ihre Lösungen in die Zukunft projizieren. Wir sollten einen anderen Zugang zum Leben bekommen. Sobald wir uns auf das stützen, was uns wirklich trägt, sind wir befähigt, das Leben in all seinen Facetten anzunehmen. Er nennt diese Haltung ‚Glaubensgeist‘. Dieses Wort ist unserem Sprachgebrauch nicht geläufig. Doch schauen wir uns den Text näher an, erkennen wir sehr schnell, dass es bei dem Glaubensgeist um das Urvertrauen geht.

So möchte dieses Buch anhand des alten Textes von Seng-ts’an das Vertrauen, diesen Glaubensgeist als die Grundstruktur des Lebens aufzeigen. Dieses Urvertrauen und das daraus resultierende Handeln sind nicht blind oder von einem Glauben an einen uns gegenüberstehenden Gott abhängig, dessen Wege wir nicht kennen. Dieses Vertrauen, von dem Seng-ts‘an spricht, basiert auf einem Wirklichkeitsverständnis, das nicht jenseits des Alltags existiert, nicht abgehoben ist, von der Realität, sondern sich im ganz konkreten Leben abspielt. Vertrauen ist nach Seng-ts‘an nicht eine Eigenschaft oder ein Zugewinn zum Leben, sondern gehört zum Sosein des Menschen. Es ist eine anthropologische Größe, und es gibt nichts, das nicht von dem Vertrauen getragen wird, sogar unser Misstrauen. Es kann jedoch in seiner ganzen Kraft erst zur Geltung kommen, wenn wir Menschen es bewusst erkennen und auch kultivieren. Dafür ist es nötig, den eigenen Geist zu erforschen und den Gedanken auf den Grund zu gehen. Wir werden dann sehr schnell bemerken, welch große Macht unsere Gedanken haben und wie sie unser Leben bestimmen.

Unsere Gedanken über die Wirklichkeit decken das Vertrauen zu.

Buddha sagte einmal, nichts kann uns so sehr zum Feind werden wie unsere eigenen Gedanken.

Als ich entdeckte, wie bunt das Leben ist

Ich selbst erlebte dies am eigenen Leib. Depression ist für mich kein Fremdwort. Wie sehr hemmen diese niederdrückenden Gedanken, am Leben teilzuhaben. Wie durch einen Schleier erscheint alles grau in grau. Als ich in einer derart niedergedrückten Stimmung auf einer Bank unter einem Ahornbaum saß und auf die am Boden liegenden Samen stierte, geschah etwas völlig Unerwartetes. Auf einmal verschwanden alle Gedanken, es gab nur noch das Schauen. Dann gab es nicht einmal mehr das Schauen, und ich erlebte zutiefst, dass ich die Samen des Baumes *war*. Wie ein Kind war ich das Sitzen, die Bank, der Baum, die Samen. Glück, Freude, ein Lachen, Freiheit und Leichtigkeit erfüllten mich bis in die letzte Pore.

Dieses Erlebnis verwandelte mich. Jetzt wurde die Zen-Übung, sich des Augenblicks bewusst zu sein, zur Kunst des Lebens. Die Zen-Übung wies mir den Weg, mich aus dem Gefängnis meiner Gedanken zu befreien. Vertrauen geschah, da sich die Wirklichkeit, wie sie ist, und nicht, wie ich sie mir immer gedacht hatte, unmittelbar eröffnete. In dem Moment war ich frei von allen Prägungen und Konzepten, und ich konnte mich vertrauensvoll dem Leben hingeben. Dies alles *machte* ich nicht. Die neue Weltsicht, die ich nicht neu erdachte, sondern die sich ereignete, machte mich glücklich und zufrieden. Ich erlebte zum ersten Mal bewusst Vertrauen als Kraft in meinem Leben. Dieses Erleben nahm mir die graue Brille ab und machte mich offen für die Buntheit des Lebens. Meine eingefressenen Meinungen und Vorstellungen, die mir vorgaukelten, dass das Leben nur aus der dunklen Sicht heraus ehrlich zu meistern sei, lösten sich wie dunkle Wolken auf, und der strahlend blaue Himmel tat sich auf.

In einer Welt, die immer von Krisen erschüttert wird, besteht die Gefahr, dass wir Menschen das Vertrauen verlieren und graue Brillen aufsetzen. Doch es ist nicht das Vertrauen, das uns entschwindet, sondern unsere falschen Gedanken über die Wirklichkeit decken das Vertrauen zu.

Dieses Vertrauen wieder aufzudecken, es als die Grundstruktur unseres Lebens zu erkennen und zu verinnerlichen, so wie ich es selbst erlebt habe, möchte ich mit diesem Buch ermöglichen. Ich möchte Ihnen, liebe Leserin, lieber Leser, Mut machen, sich auf dieses Wagnis Leben vertrauensvoll einzulassen.

Doris Zölls, im Frühjahr 2023

Momente wie im Vogelflug

Für mich verweist das Bild „Wie ein Vogel im Flug“ mitten ins Herz des Zen. Deshalb habe ich es als Titel meines Buches gewählt. Ein Vogel, so zart und zerbrechlich, schwingt sich leicht und mühelos in den Himmel. Er schwebt und gleitet durch die Lüfte, manchmal singt er dabei sogar ein Lied.

Wir können dem Vogel nachschauen, ihn mit unserem Blick verfolgen, doch er wird bald verschwunden sein. Wohin ist er geflogen? Wo kam er her? Wo ist er? Keine Spur hat er hinterlassen, keinen Weg kann ich in den Lüften nachzeichnen. Wie könnte ich ihm nachfolgen, ihn festhalten?

Kann ein Augenblick schöner beschrieben werden als mit diesem Bild? Jeder Moment scheint wie ein Vogel auf, manch einer berührt mich zutiefst, ich blicke ihm nach ... wie einem Vogel. Gern würde ich ihn festhalten, mich an ihm freuen, ihn mir nicht entgleiten lassen. Doch jeder Augenblick ist vergänglich; sobald er erscheint, ist er schon entschwunden. Er lebt nur noch in meiner Erinnerung als Bild. Klammere ich mich an ihn, wäre dies, als wollte ich einen Vogel einfangen und ihn in einen Käfig sperren. Seine Leichtigkeit, sein Schweben, seine Lebendigkeit wären damit beendet. Verängstigt säße er in seinem

Gefängnis, sein Lied im Halse erstickt, über seinen Augen ein Schleier.

Das Gleiche geschieht mit den Augenblicken, die ich festhalten möchte. Jeder Moment verliert seine Lebendigkeit, sobald ich mich an ihn klammere. Er wird zu einer Konserve ohne Nährstoffe und Geschmack. Vitalität, Freude, Freiheit existieren nur im Auftauchen und in der Bereitschaft, das Erleben nicht festhalten wollen.

Wie ein Vogel schweben die Augenblicke und entziehen sich uns sogleich wieder. Natürlich kann ich mich mit meinen Gedanken an sie klammern, damit zeichne ich Spuren nach. Diese Spuren sind jedoch nicht frisch, sie leben nur in meinen Vorstellungen. Ich male mir aus, woher der Moment kam, was er bewirkt und wohin er entschwunden ist. Unzählige Geschichten, Bilder, Vorstellungen, Konzepte können so ein Erleben zu einer Wirklichkeit werden lassen, die mit dem Erlebten selbst kaum mehr etwas zu tun hat. Sie sind Träumen gleich.

Das heißt jedoch nicht, dass wir sie nicht trotzdem lebendig erleben. Meine Vorstellungen schreiben sich ja tief in mein Empfinden ein, sie bestimmen sogar mein Wirken in der Welt. Sie sind im wahrsten Sinne des Wortes wirksam. Sie sind jedoch wie Schleier, die auf meinen Augen liegen und die mir eine Welt widerspiegeln, die der Klarheit entbehrt. Diese Schleier sind oft so dicht, dass sie mir die Wirklichkeit sogar vollständig verbergen und mich den Bezug zur Realität verlieren lassen. Ich baue mir eine eigene

Welt der Vorstellungen auf, ich lebe sozusagen nur noch in den Spuren und nicht mehr im Flug. Folge ich dem Augenblick wie dem Flug eines Vogels, ohne dass sich ein Hauch von Bewertung oder Kommentar meines Geistes dazwischenschieben, werden ich und der Vogel eins. Ich schwinge mich hoch, schwebe, lasse mich von den Lüften tragen. Nichts hält mich fest.

Diese Lebendigkeit, jeden Augenblick unmittelbar zu erleben und an nichts hängen zu bleiben, ist Ausdruck des Zen-Geistes. Er schenkt Leben, er macht frei.

Wenn der Wasserspiegel ruhig bleibt

Was ist jedoch mit der Erinnerung, mag jemand fragen. Existiert sie noch? Ist sie nicht meine Geschichte, die mich zu der macht, die ich bin? Erinnerung ist ein eigenständiges, momentanes Erleben. Doch bleibt die Erinnerung eine Interpretation eines Erlebens, nicht das Erlebte selbst. Eine Erinnerung setzt ein neues Bild aus den Bildern von Vergangenem zusammen. Die Erinnerung malt ein neues Bild, erzählt eine neue Geschichte und bildet somit ein völlig neues Erleben. Die Erinnerung macht meine ‚eingebildete' Vergangenheit zum Gegenwärtigen. Damit kreieren meine Erinnerungen eine neue Welt. Diese ist zusammengesetzt aus Bewertungen, die nicht frei sind, sondern auf der Basis meiner Prägungen entstanden sind.

Im Zen wird diese Geistesstruktur, ein durch Erinnerungen geprägtes Bild zu sehen, mit dem Blick in einen See verglichen. Ist seine Wasserfläche glatt, spiegeln sich in ihm Wolken, Bäume und Büsche und alles, was in ihn eintaucht. Die Spiegelungen sind so klar, dass sie und die Phänomene als eins erlebt werden. Kommt jedoch Wind auf, kräuselt sich das Wasser, jetzt verschwimmen auf einmal Wolken, Berge, Bäume und alles, was sich im See spiegelt. Alles ist unscharf, wie verwischt, und manchmal kaum mehr zu erkennen.

Unsere Urteile kräuseln unseren Spiegelgeist, türmen hohe Wellen auf. Unsere Sicht auf die Welt ist verschwommen. Dennoch beurteilen wir durch diese verzerrten Bilder die Welt. Emotionen steigen auf, und sie können uns zu harschen Worten hinreißen oder treiben uns zu ungerechten Handlungen.

Zurück zum ruhigen Wasser, zu unserem Spiegelgeist, der den Flug des Vogels widerspiegelt, doch keine Spur hinterlässt. Reicht es wirklich, ‚nur' das Leben widerzuspiegeln? Entsteht dann nicht eine gefühlsarme Persönlichkeit?

Es ist ein Fehlschluss zu glauben, das Widerspiegeln wäre neutral. Meine Kommentare und Urteile, die mich vielleicht himmelhoch jauchzen lassen oder zutiefst betrüben, sie fallen weg, doch sie täuschten uns vor, ‚lebendig' zu sein. Sie fesseln uns nur an unsere Konditionierungen.

Der klare See lässt ein Erleben entstehen, das Buddha als mittleren Weg beschrieben hat. Er übersteigt unsere Prägungen, lässt uns die Welt in ihrer Soheit erleben, in ihrem bedingten Entstehen, ihrer wechselseitigen Abhängigkeit, ihrer Substanzlosigkeit. Kein Ich, getrennt von allem, besteht mehr und tiefe Empfindungen von Einssein erwachen. Als der Zen-Meister Yunmen (jap. Ummon) im 9. Jahrhundert diese Erfahrung machte, rief er aus: „Die Welt ist unermesslich weit, wie dies."

Shinjinmei: Eine alte Schrift weist den Weg

Den Weg des Übersteigens der Konditionierungen, das Sich-Hinaufschwingen in die unendlichen Weiten, beschreibt Meister Seng-ts'an in seinem ihm zugeschriebenen *Shinjinmei*, der Gedichtsammlung über den Glauben an den Geist.

Seng-ts'an (jap. Sosan) wird als dritter Patriarch, also als dritter Nachfolger Bodhidharmas, in China gezählt. Historisch weiß man sehr wenig von ihm. Doch es ranken sich einige Legenden um sein Leben. So soll er während der Buddhistenverfolgung 574 eine Geisteskrankheit vorgetäuscht und sich auf den Berg Huan-jung zurückgezogen haben, wo er die wilden Tiere besänftigte, die bis dahin die dort lebenden Menschen bedrohten.

Oder von seiner Begegnung mit Hui-k'o, dem zweiten Patriarchen, wird erzählt:

> Seng-ts'an soll an Lepra erkrankt sein, und als er zu Hui-k'o kam, soll dieser ihn gefragt haben, warum er zu ihm käme, wo er doch so krank sei. Seng-ts'an habe geantwortet: „Auch wenn mein

Körper krank ist, so ist doch mein Herz-Geist nicht verschieden von eurem Herz-Geist."

Diese Antwort beeindruckte Hui-k'o und er nahm Seng-ts'an als seinen Schüler an und übertrug ihm später seine Nachfolge. Im *Denkoroku,* einer von Buddhas Schülern überlieferten Sammlung von Geschichten, wird diese Übertragung etwas anders ausgeführt und mit einer Bitte Seng ts'ans verknüpft.

> Seng-ts'an bat Hui-k'o, ihm seine Sünden auszulöschen, die er als Grund seiner Erkrankung sah. Hui-k'o meinte daraufhin: „Bring mir deine Sünden, ich werde sie für dich auslöschen." Seng-ts'an stutzte, saß still da und sagte dann: „Obgleich ich nach meinen Sünden gesucht habe, kann ich sie nicht finden." Hui-k'o antwortete ihm: „Dann habe ich deine Sünden schon gründlich ausgelöscht. Du sollst in Übereinstimmung mit Buddha, Dharma und Sangha leben."

Solche Geschichten werden in der Zen-Literatur immer wieder erzählt:

> So kam Hui-k'o zu Bodhidharma, dem ersten Patriarchen, und sagte zu ihm: „Mein Geist ist voller Unruhe. Ich bitte euch, ihn zu beruhigen." Bodhidharma antwortete ihm: „Bring mir deinen unruhigen Geist." Hui-k'o war überfordert, den unruhigen Geist zu entdecken, und klagte bei Bodhidharma darüber, dass er den unruhigen Geist nicht finden könne. Bodhidharma antwor-

> tete ihm daraufhin: „Dann habe ich deinen unruhigen Geist bereits beruhigt.“

Ebenso wird dies vom vierten Patriarchen Doshin berichtet, nämlich dass er zu Seng-ts‘an kam und ihn fragte:

> „Wie erlange ich Befreiung?“ Seng-ts‘an fragte ihn: „Wer fesselt dich?“ Doshin wusste nicht zu antworten und erfuhr: „Die Befreiung liegt in meinem Geist.“

Gefesselt zu sein von den unendlichen Wirren des Lebens: Dieses Gefühl tritt vermutlich bei uns allen auf. Die Zen-Praxis erhebt den Anspruch, uns von diesen Verstrickungen zu befreien. Wie so oft hat die Zen-Literatur auch dafür eine kleine Geschichte, um dies deutlich zu machen:

> „Ein Schüler kam zu seinem Meister und fragte ihn: „Wie kann ich loslassen? Mich fesselt so viel in meinem Leben“ Der Meister stand auf, ging zu einem Baum, umarmte ihn und schrie: „Lass mich los! Lass mich los!“

Hiermit wird deutlich: Es sind nicht die Wirren des Lebens, die uns fesseln. Es ist unser Geist, er sich an Erlebtes klammert.

Auch die Schilderungen der damaligen Schüler, die von ihren Meistern befreit wurden, zeigen deutlich: Ob krank, ob schuldig, unruhig oder gefesselt, all diese Verhaftungen kommen nicht von außen, sie alle haben ihren Wohnsitz in unserem Geist.

Im *Shinjinmei* wird der Weg aus den Verstrickungen unseres Geistes aufgezeigt. Bereits in seinem Titel nennt Seng-ts'an den Grundsatz, der die Befreiung in sich trägt: Das *Shinjinmei* ist „Die Meißelschrift vom Glauben an den Geist".

Alles Dasein beruht auf Vertrauen

Viele Menschen würden sofort protestieren und behaupten, sie hätten jeglichen Glauben verloren, zu oft seien sie in ihrem Leben enttäuscht worden. Woran sollten sie noch glauben, worauf vertrauen? Doch Seng-ts'an meint: Die Grundstruktur des Lebens ist Vertrauen. Ohne Vertrauen gibt es kein Leben. Esse ich, vertraue ich, dass ich nicht vergiftet werde, gehe ich, vertraue ich darauf, dass ich nicht überfahren werde. Alles, was ich tue, verlangt, dass ich darauf vertraue, dass es gelingt. Sogar nicht zu vertrauen, sich aus dem Leben zurückzuziehen oder sogar sich das Leben zu nehmen, setzt das Vertrauen voraus, dass der Rückzug oder der Tod besser sind als das jetzige Leben. Es gibt kein Dasein, das nicht auf Vertrauen basiert, nur machen wir es uns in den seltensten Fällen bewusst. Leben ist Vertrauen. Es hat kein Objekt. Es ist die Struktur unseres Geistes. Natürlich erleben wir im Alltag Angst, fühlen uns unsicher, hinterfragen unsere Entscheidungen, um nicht ungewollte Konsequenzen tragen zu müssen. Aber all unser Tun und Sein sind auf Vertrauen aufgebaut, auch unsere Ängste zeigen nur, dass wir vertrauen müssen, dass wir weder das Leben im Griff haben noch es beherrschen können. Nichts im Leben ist für uns habhaft.

Immer wird Offenheit und Unbestimmtheit widergespiegelt, und beides müssen wir im Vertrauen leben. Nichts ist fest, nichts können wir in Händen halten, alles trägt den Vertrauensgeist in sich, und kein Ich gibt es, das das Leben beherrschen kann. Wie der Flug eines Vogels erscheint uns das Leben: im Augenblick erfahrbar, doch nicht festzuhalten. Worte gehen fehl, dies zu benennen, sagt Seng-ts'an. Wie sollte ich etwas benennen können, das nur im Moment erscheint, da es ständig im Wandel ist? Leer nennt dies Zen. Nichts ist beständig, nichts hat eine Substanz.

Oft wird auch das Bild des Mondes gewählt, um dieses Phänomen zu beschreiben. Der Mond spiegelt sich in allen Wassern, ob es ein See ist, ein Fluss oder nur ein Tautropfen. Doch niemand kann ihn zu fassen bekommen.

Wir können den Glaubensgeist erleben, als würden wir im silbernen Licht des Mondes baden, doch nie können wir ihn ergreifen. Alle Formen erleuchten in seinem Licht. Erleben wir diesen Glanz, erfahren wir dies als Entgrenzung, als Befreiung von unserem kleinen, einengenden Ich. Vertrauen lässt uns über uns hinauswachsen, kein Ich hängt sich mehr ängstlich an etwas Festes, das es sowieso real nicht gibt. Menschen, Geld, Strukturen ...: Sie können nicht halten, was sie versprechen. Sie sind vergänglich. Alles, an das ich mich hänge, worauf ich vertraue, enttäuscht mich. Es vergeht. Woran sollte ich mich hängen können? Mein Hund, meine Katze enttäuschen mich, sie sterben. Ein Mensch, der mich verlässt, ist eine Enttäuschung. Es gibt nichts Beständiges.

Das Vertrauen ins Ungewisse, in das Nicht-Feste ist unsere Bestimmung und ist in uns ‚eingemeißelt'. Wir kennen Schriften, Weisheiten, die in Stein eingemeißelt sind. Sie sollen die Zeiten überdauern. Vertrauen ist in uns eingemeißelt. Diese ‚Inschrift' kann durch die Stürme des Lebens verwittern, vielleicht sogar nicht mehr sichtbar sein, doch streiche ich mit meinen Händen darüber, ist sie spürbar. In uns ist das Vertrauen eingemeißelt, in uns leuchtet der Mond. Alle Beschreibungen sind nur ein Abbild des Erlebens. Beschreibungen verstricken uns, sie können sich nur in den Bildern ausdrücken, die wir gelernt haben. Wir stricken unsere bekannten Muster, so wie wir gestrickt sind. Die Unmittelbarkeit jedoch verlangt von uns, dass wir uns dem freien Flug hingeben, ohne Sicherheit, ohne Wissen eines Wohin oder Wie. Vertrauen ist ein Sich-Trauen zu leben.

> *Wie der Flug eines Vogels erscheint uns das Leben: im Augenblick erfahrbar, doch nicht festzuhalten.*

Das Leben birgt in sich unglaubliche Härten, es trägt Gewalt, es bringt Tod mit sich, es hat seine bitteren Seiten. „Wo viel Licht, da auch viel Schatten", ist so leicht dahingesagt. Dennoch wäre es der falsche Weg, sich auf die lichte, süße Seite des Lebens schlagen zu wollen und die bittere, dunkle Seite zu negieren oder vermeiden zu wollen. Wenn es das eine gibt, gibt es auch das andere. Dem kommen wir nicht aus.

Buddha bietet uns den mittleren Weg an, nicht die Spitzen der Gegenpole zu kappen und so dem Leben seine Lebendigkeit zu nehmen, sondern die Dualität zu übersteigen, indem wir ganz und gar in einen Pol eintauchen. In ihm erscheint in jedem Moment das Sosein.

In meinen folgenden Ausführungen möchte ich mit Hilfe des *Shinjinmei* diesen Weg des Erkennens des Soseins aufweisen. In dieser alten Schrift heißt es:

> Der höchste Weg ist nicht schwer,
> wenn du nur aufhörst zu wählen.
> Wo weder Liebe noch Hass,
> ist alles offen und klar.
> Aber die kleinste Unterscheidung
> bringt eine Distanz
> wie zwischen Himmel und Erde.
> Soll ES sich dir offenbaren,
> lass Abneigung wie Vorliebe beiseite.
> Der Konflikt zwischen Neigung und Abneigung
> ist eine Krankheit des Geistes.
> Wird diese tiefe Wahrheit nicht verstanden,
> versuchst du deine Gedanken
> vergeblich zu beruhigen.
>
> Der Weg ist vollkommen wie leerer Raum,
> ohne Mangel und ohne Überfluss.
> Nur wenn du wählst und zurückweist,
> geht das Sosein verloren.
> Jage nicht äußeren Erscheinungen nach,
> verharre auch nicht in der Erfahrung der Leerheit.

Bleibe gelassen im Einen,
und alle Verwirrung verschwindet von selbst.
Stellst du das Tätigsein ein
und kehrst zur Ruhe zurück,
ist dieses Bemühen selbst nur wieder Tätigkeit.
Wie willst du je das Eine erfahren,
wenn du in die Zweiheit verstrickt bleibst?
Wer ins Eine nicht vordringt,
wird in keinem Bereich daheim sein.
Existenz zu verachten
heißt, Existenz zu verlieren.
Der Leerheit zu folgen
heißt, sich gegen die Leerheit wenden.

Je mehr Worte und Gedanken,
desto weiter entfernt von der Wirklichkeit.
Schneide Worte und Gedanken ab,
und ES durchdringt alles.
Kehrst du zur Wurzel zurück,
erfasst du die Wahrheit.
Hängst du der Erscheinungswelt nach,
verfehlst du das Wesen.
Ein Augenblick innerer Erleuchtung
trägt über die erste Leere hinaus.
Veränderungen in dieser relativen Leere
sind nichts anderes als Täuschung.

Kein Grund, die Wahrheit zu suchen,
lass all deine Meinungen fahren.
Zwiespältigkeit halte nicht fest.
Sei achtsam und folge ihr nicht.

Auch nur eine Spur von richtig und falsch,
und der Geist ist in Wirren verloren.

Weil es das Eine gibt, existieren die Zwei,
doch halt auch nicht fest an dem Einen.
Wenn der Geist der Einheit nicht entsteht,
sind die zehntausend Dinge nicht schuld.
Wo keine Schuld ist, ist auch kein Ding.
Das Subjekt vergeht mit dem Objekt.
Das Objekt vergeht mit dem Subjekt.
Das Objekt ist Objekt wegen des Subjekts.
Und Subjekt ist Subjekt wegen des Objekts.
Willst du beide Ebenen kennen,
sie sind ursprünglich die eine Leerheit.
Die eine Leerheit ist die gleiche in beiden.
In gleicher Weise enthalten sie alle Dinge.
Unterscheidest du nicht zwischen fein und grob,
wie kann es dann Vorurteile geben?

Der große Weg ist dem Wesen nach weit.
Nichts ist leicht, nichts schwierig.
Engherzige Ansicht führt zu Besorgnis.
Je mehr du eilst, umso länger brauchst du.
Hängst du an solchen Ansichten,
verlierst du das Maß und gehst in die Irre.
Lass los, und alles ist natürlich.
In der Wesensnatur gibt es kein Kommen
und Gehen. Handle gemäß deiner Natur,
und du stimmst mit dem Weg überein,
gehst ihn gelassen und frei ohne Sorge.

Gedanken lenken ab von der Wahrheit.
Aber ein dumpfer Geist bringt es auch nicht.
Wenn du verabscheust, verwirrt sich der Geist.
Was hilft es schon, für oder gegen etwas zu sein?
Wenn du das eine Fahrzeug nehmen willst,
hege keine Abneigung gegen die Welt der Sinne.
In der Tat, wer die Sinneswelt nicht hasst,
ist eins mit der wahren Erleuchtung.

Der Weise hat keine Ziele,
die Unwissenden lassen sich fesseln;
denn obwohl es einen Unterschied
zwischen den Dingen nicht gibt,
bleiben sie an manchen hängen.
Ist das nicht ein gewaltiger Fehler?
Ruhe und Unruhe kommen aus der Illusion,
Erleuchtung kennt weder Vorliebe
noch Abneigung.
Alle dualistischen Ansichten
kommen aus falschen Schlüssen.
Sie sind Träume, Fantasien
und Flecken vor deinen Augen.
Warum versuchst du, sie zu fassen?
Gewinnen und verlieren,
richtig und falsch,
lass sie ein für alle Mal ziehen.
Wenn die Augen nie schlafen,
hören die Träume von selbst auf.
Wenn der Geist nicht unterscheidet,
sind alle Dinge das eine Sosein.
Das Wesen dieses einen Soseins

ist ein Geheimnis:
unbewegt, absolut,
alle karmische Bindung vergessend.
Siehst du alle Dinge gleich, kehren sie heim
zum natürlichen Sein.
Ursachen verschwinden,
und Vergleiche sind nicht möglich.

Bewege dich nicht,
und die Bewegung hört auf.
Bringe Ruhe in die Bewegung,
und es gibt keine Ruhe.
Wenn beide nicht sind,
kann eines dann sein?
Im Absoluten sind keine Regeln.
Der Geist in Einklang mit ihm wird unparteiisch
und hört auf, zu planen und zu streben.
Wenn Zweifel und Argwohn ausgeräumt,
ist wahrer Glaube leicht gewonnen.

Alle Dinge sind vergänglich,
nicht notwendig, sie sich zu merken.
Leer, klar und selbstleuchtend
bemüht der Geist sich nicht.
Das ist der Platz des Nichtdenkens,
schwer auszuloten mit Intellekt und Gefühl.

In der Dharmawelt des Soseins
ist kein Anderes und kein Ich.
Wenn man dich bittet, es sofort zu erklären,
kannst du nur sagen: ‚Nicht-Zwei'.

Wenn ‚Nicht-Zwei', dann ist alles gleich,
nichts, was nicht eingeschlossen wäre.
Die Weisen der zehn Richtungen sind alle
in diese Weisheit eingetreten.

Es ist jenseits von Ausdehnung
und Zusammenziehung.
Ein Augenblick der Wahrnehmung
ist zehntausend Jahre.
Weder Sein noch Nichtsein,
das ganze Universum liegt vor deinen Augen.
Das unendlich Kleine ist gleich dem Großen,
Grenzen sind verschwunden.
Das unendlich Breite ist gleich dem Schmalen,
keine Teilung ist sichtbar.

Sein ist nichts anderes als Nichtsein,
Nichtsein nichts anderes als Sein.
Wenn es für dich nicht so ist,
bleib keinesfalls in diesem Bewusstseinsstand.
Alles ist eins, eines ist alles.
Wenn du das erfährst,
warum ängstigst du dich dann,
Vollendung nicht zu erreichen?

Der Glaubensgeist ist Nicht-Zwei.
Nicht-Zwei ist der Glaubensgeist.
Worte gehen fehl, es zu benennen.
Es ist nicht von der Vergangenheit,
der Zukunft oder Gegenwart.

Vertrauen – Grundlage unseres Lebens

Wer die Wahl hat, hat die Qual

An der Schule, an der ich vor vielen Jahren arbeitete, gab es jeden Sommer ein Sommerfest mit einer Tombola. Einmal hatte ich die Aufgabe, die Preise zu verteilen, und auf diese Weise erfuhr ich, wie die Kinder regelmäßig in große Not gerieten. Sie hatten gewonnen und durften sich einen Preis aussuchen. Viele der Kinder konnten sich erst nach langem Hin und Her entscheiden. War es dann so weit und der Preis wurde ihnen überreicht, zögerten sie und meinten: „Ach nein, ich wollte doch lieber etwas anderes."

Manche beauftragten gleich ihre Mutter oder ihren Vater, den Preis auszusuchen.

Wie wahr das Sprichwort ist: „Wer die Wahl hat, hat die Qual", wurde mir hier drastisch vor Augen geführt. Diese Qual kann so groß sein, dass man sogar dabei sterben kann, wie der Esel, der sich zwischen zwei Heuballen nicht entscheiden konnte und dabei verhungerte.

Die Folgen von Entscheidungen

Entscheidungen fallen uns oft ungeheuer schwer. Wir haben Angst, die falsche Entscheidung zu treffen und dann Konsequenzen tragen zu müssen, unter denen wir leiden. Und wir haben Angst, uns dann nicht verzeihen zu können, dass wir ‚falsch' entschieden haben. Manch einer trägt diese Last sein ganzes Leben mit sich und bleibt in seiner Vorstellung verstrickt, dass, wenn er sich damals nur anders entschieden hätte, sein Leben jetzt viel besser wäre.

Diesem Schicksal können wir nur entgehen, indem wir das, wofür wir uns entschieden haben, irgendwann radikal akzeptieren und uns aufgerufen fühlen, die Folgen als Herausforderung, ja sogar als Chance für unser jetziges Leben zu sehen und nicht als Begrenzung.

Das Leben birgt in sich immer zwei Seiten, sowohl das Schwere als auch das Leichte. Nur eines von den beiden gibt es nicht. Es sei denn, man lebt in der Illusion, dass alles schwer und dabei das Leichte nicht mehr zu sehen ist, oder umgekehrt. Schauen wir jedoch mit klarem Auge auf die Wirklichkeit, können wir erkennen, dass sie sich immer mit zwei Seiten zeigt, so wie eine Münze immer zwei Seiten hat. Unser bewertender Geist jedoch flüstert uns zu: „Eigentlich wolltest du etwas ganz anderes." Oder: „Ist das wirklich richtig, was du da machst?" Oder: „Hättest du nur nicht ..." Erkennen wir diese Einflüsterungen unseres Geistes nicht als ‚Lockrufe', sondern folgen wir ihnen, wird unser Leben zu einem stetigen ‚Hätte'.

> *Sind wir in dem Modus ‚Was-wäre-Wenn', leben wir im Traum.*

Das Gelingen des Lebens liegt nicht an den Umständen. Es ist unser vergleichender Geist, der sich ständig etwas anderes vorstellt und das, was ist, nicht als gegeben annehmen kann. Als Jugendliche wollen wir schnell erwachsen sein. Als Erwachsene sehnen wir uns danach, jung zu sein, und bedauern, dies oder jenes nicht gemacht zu haben. Sind wir in eine Arbeit oder Familie eingebunden, sehnen wir uns nach der Zeit, in der wir frei sind. Sind wir im Ruhestand, hört das Sehnen nicht auf oder endet in der Resignation, nicht das gelebt zu haben, was man eigentlich immer wollte. Sind wir in dem Modus ‚Was-wäre-Wenn', leben wir im Traum. Doch nichts kann vorweggenommen oder nachgeholt werden. Das Leben findet immer nur jetzt statt. Möchte ich etwas anderes als das, was gerade ist, ist mein Leben von unendlicher Sehnsucht bestimmt, die sich nie erfüllen wird. Zufrieden und bestimmt zu leben, bedarf der Ausrichtung auf das Hier und Jetzt, auf jeden Augenblick und dem Einverstanden-Sein damit.

Die Produktwerbung, die uns im Alltag ständig begegnet, zielt genau auf die illusionäre Denkstruktur in uns. Stets wartet sie mit etwas Neuem auf und weckt in uns die Sehnsüchte nach mehr und anderem.

Wie sollten wir je zufrieden sein können, wenn wir nicht bei unserer Geisteshaltung ansetzen, sondern immer an den Dingen, die uns noch fehlen? Keine Sehnsucht kann erfüllt werden. Bekommen wir das, wonach wir uns sehnten, tut sich sogleich der nächste Wunsch auf.

Welche Geisteshaltung macht uns zufrieden? Es ist nicht der Verzicht. Es ist die Erfahrung der Fülle.

Beobachten wir uns, können wir erleben, wie glücklich es macht, wenn wir all unsere Aufmerksamkeit auf eine Tätigkeit oder eine Sache richten, sodass sie uns in den Bann zieht und wir nur noch auf das Eine konzentriert sind. Mit dieser Fokussierung kommen wir in den sogenannten Flow, ein beglückendes Gefühl völliger Vertiefung und Aufgehens in einer Tätigkeit, die wie von selbst vor sich geht. Die Aufmerksamkeit auf den Augenblick ist das Entscheidende, nicht so sehr die Tätigkeit. Natürlich fällt dies leichter bei Tätigkeiten, bei denen wir uns nicht davon ablenken können, Konzentration aufzubauen und sie auch zu halten. Bei den alltäglichen Aufgaben jedoch, die sich ständig wiederholen, die wir langweilig finden, die uns keinen Spaß machen, in solchen Momenten scheint es schier unmöglich, gefesselt zu sein und in einen erfüllenden Flow zu fallen. So folgern wir daraus, wir müssten etwas Außergewöhnliches erleben, um glücklich zu sein.

Im *Shinjinmei* sagt Seng-ts'an jedoch:

> Der höchste Weg ist nicht schwer,
> wenn du nur aufhörst zu wählen.
> Wo weder Liebe noch Hass,
> ist alles offen und klar.
> Aber die kleinste Unterscheidung
> bringt eine Distanz
> wie zwischen Himmel und Erde.
> Soll ES sich dir offenbaren,

lass Abneigung wie Vorliebe beiseite.
Der Konflikt zwischen Neigung und Abneigung
ist eine Krankheit des Geistes.
Wird diese tiefe Wahrheit nicht verstanden,
versuchst du deine Gedanken
vergeblich zu beruhigen.

„Egal, was ich mache, mein Leben kann ich als höchsten Weg erleben, sobald ich mich auf das Jetzt ganz und gar einlassen kann. Keine Gedanken an Vergangenheit oder Zukunft dürfen mich von dem ablenken, was jetzt gerade ist. So wie ich beim Klettern zum Beispiel nur bei diesem Griff bin, ganz zu dem Augenblick werde und mich darin selbst erfahre, so erlebe ich bei jedem Jetzt, zu dem ich ganz werde, mich selbst. Bewerte ich nur einen Hauch dieses ‚Jetzt' und vergleiche es in meiner Vorstellung mit etwas scheinbar Besserem, entschwindet mir mein Selbst, und ich fühle mich von dem Jetzt enttäuscht."

Leider können wir uns nicht befehlen, nicht zu vergleichen. Wir können unserem Geist nicht einfach etwas auftragen, was er ausführen soll. Er macht, was er will. Es braucht Übung, den vergleichenden Gedanken nicht zu folgen.

Der Wahl der Qual, der Not des Vergleichens zu entkommen, heißt, sich dem Augenblick hinzugeben und keinem zweifelnden Gedanken zu folgen. Will ich Äpfel kaufen und denke in dem Moment, wenn ich sie nehme, Birnen seien besser, und denke ich beim Nehmen der Birnen, Bananen wären besser usw., komme ich zum Schluss mit leerem Korb aus dem Geschäft.

Will ich erfüllt leben, darf ich nicht wählen.

„Ich muss doch unentwegt wählen, muss mich entscheiden für oder gegen dies oder das", wehrt sich sogleich mein widerstreitender Geist. „Wähle ich nicht, gibt es Stillstand. Ob ich liegen bleibe oder aufstehe, ob ich esse oder faste – jeder Augenblick fordert eine Entscheidung von mir!"

Wirklich?

Untersuchen wir, wie Handeln im Leben geschieht, stellen wir schnell fest, dass wir etwas nicht unbedingt tun, auch wenn wir uns das fest vorgenommen haben. Unsere Vorstellung von einem Ich, das frei und selbstständig handelt, ist eine Illusion. In uns vollzieht sich das Leben, das sich in unendlichen Abhängigkeiten lebt, die wir nie überblicken können. Der Gedanke „*ich* mache", „*ich* denke", „*ich* gehe" ist ein Gedanke, der auf jedes Geschehen so unmittelbar folgt, dass der Eindruck entsteht, ein Ich hätte vor dem Handeln dies beschlossen und dann ausgeführt. Es bedarf großer Wachheit, diesen Vorgang bereits in dem Gedanken, der zu einer Handlung führt, zu erkennen.

Dazu kennt Zen folgende kleine Geschichte:

Ein Schüler fragte den Meister:
„Was kann ich tun, um die Welt zu retten?"
„So viel, wie du tun kannst,
damit die Sonne aufgeht."

„Dann kann ich ja gar nichts machen?“,
war die enttäuschte Antwort des Schülers.
„Ja, meinte der Meister, aber du kannst
wahrnehmen, wie die Sonne aufgeht.“

Sich bewusst zu sein, ist der Schlüssel, und nicht das Wollen. Das Wollen ist von unendlichen Dingen bestimmt und verändert sich ständig. Einmal wollen wir dies, das andere Mal genau das Gegenteil. Auch das Wollen, mit dem sich unser Ich identifiziert, ist keine eigenständige Entität, sondern eine Geistesstruktur, abhängig von unseren Konditionierungen, die keine Substanz hat. Zudem ist sie dem Wechselspiel der Dualität unterworfen. Am Abend gibt es das Wollen, morgens früh aufzustehen, und am nächsten Morgen wollen wir länger schlafen. Mit diesen sich ständig widerstreitenden Gedanken identifiziert, darin zeigt sich unser Ich. Auf so etwas Wankelmütiges ist kein Verlass. Zudem interpretiert unser Ich alles, was geschieht, vor dem Hintergrund der Muster, mit denen es geprägt ist.

Zen ist die Praxis, dem Wählen keine Substanz zu geben.

Es ist wunderbar zu beobachten, wie dieses Ich willkürlich ein Geschehen reflektiert und zu deuten versucht. Stets taucht das gleiche Strickmuster auf. Selten kann es etwas Neues denken. Es ist daher von ungeheurem Nutzen, diese Konzepte zu erkennen und ihnen keine Wirklichkeit zuzuschreiben.

Zen ist die Praxis, diese Gedankenstruktur zu entlarven und dem Vergleichen beziehungsweise Wählen keine Substanz zu geben. Seng-ts'an geht dabei so weit, dass er die Möglichkeit dieses Nicht-Wählens sogar für Gefühle wie Liebe und Hass denkt.

Dies ist auf den ersten Blick schwer nachzuvollziehen. Hass ist eindeutig, Hass will niemand, und Hass ist strikt abzulehnen. Liebe jedoch will jeder. Liebe ist das Höchste, das Erstrebenswerteste, das wir uns vorstellen können. Gott ist Liebe, heißt es im Evangelium nach Johannes. „Wo weder Liebe noch Hass, ist alles offen und klar." Wer diesen Satz von Seng-ts'an hört, der könnte wirklich meinen: Zen ist verrückt. Wir dürfen aber nicht voreilig urteilen, sondern sollten genau hinschauen, was hinter dieser Aussage Seng-ts'ans steht.

Liebe verstehen wir meist als ‚mögen', etwas oder jemanden ‚gernhaben'. Verändert sich die Sache oder der Mensch, verwandelt sich unsere Liebe sehr schnell in Ablehnung und wird im Extremfall sogar zu Hass. Im Deutschen gibt es das Wort Hassliebe, das sehr eindrücklich macht, wie eng Liebe und Hass zusammen auftreten können. Menschen, die sich innigst liebten, sich nie vorstellen konnten, sich jemals zu entzweien, müssen auf einmal erleben, wie aus ihrer Liebe sogar Hass geworden ist, und die Frage stellt sich: War es vorher wirklich Liebe?

Liebe gibt es nicht ohne Hass, so wie es groß nicht ohne klein gibt, schön nicht ohne hässlich, hoch nicht ohne tief usw. Das Eine tritt immer nur in der Zweiheit auf. Nichts existiert eigenständig. Es liegt am Augenblick, welche Seite der Münze sich gerade zeigt. Liebe oder Hass. Sie zeigen sich im Wechsel der beiden Seiten der einen Münze. Wir sehen nicht die ganze Münze, sondern fokussieren uns ausschließlich auf eine Seite, ohne zu erkennen, dass der Gegenpol immer mit auftritt und es die eine Seite ohne die andere nicht gibt.

Auch hierzu weiß Zen eine Geschichte zu erzählen:

> Ein Samurai kam eines Tages zu einem Meister und fragte ihn: „Gibt es Himmel und Hölle?"
> Der Meister begann, den Samurai zu beleidigen, dass so einer wie er doch nie ein richtiger Krieger sein könne. Zorn stieg in dem Samurai auf, und er griff zu seinem Schwert und zückte es. „Siehst du", sagte der Meister, „jetzt tut sich die Hölle auf". Da ging dem Samurai auf, dass ihn der Meister auf die Probe gestellt hatte, und er steckte sein Schwert zurück in die Scheide. „Nun zeigt sich der Himmel", meinte lächelnd der Meister.

Liebe und Hass, Himmel und Hölle sind momentane Erscheinungen des Lebens die, wenn wir uns damit identifizieren, zur Realität werden. Das gilt für alle Phänomene des Lebens. Es liegt an uns, ob wir ihnen im Augenblick ihres Erscheinens Substanz geben und sie zum Leben erwecken. Es ist, als ob wir einen Flaschengeist aus seiner Flasche herauslassen.

Augenblicke sind entscheidend. Augenblicke sind das Leben.

Wir könnten dem Irrtum verfallen, sie nicht ernst zu nehmen, da Augenblicke keine Substanz haben, sie gleichzeitig entstehen und vergehen und keine Dauer haben.

Ablehnung und Annahme sitzen tief in unserem Körper.

Doch das Gegenteil ist der Fall. Es gibt nur den einen Augenblick und kein anderes Leben davor oder danach. Der Augenblick ist frei von Vergangenem, von Gegenwärtigem und Zukünftigem, er kennt keine Zeit, in ihm offenbart sich die Ewigkeit, nicht als Dauer, sondern als Unendlichkeit. Leben wir nicht den Augenblick, sondern halten wir uns in unserer Vorstellung an der momentanen Form fest, wird die Form, an der wird haften, für uns Realität; jedoch nur in unserer Vorstellung, und über kurz oder lang werden wir mit dem wirklichen Leben hart konfrontiert. Leben erfordert, nicht anzuhaften. Hölle oder Himmel, Liebe oder Hass sind Erscheinungen, die sich, wenn ich ihnen nicht folge, sich sogleich verflüchtigen. Halte ich sie jedoch in meinem Geist fest, bin ich in den Gegensätzen gefangen – ich bin zwischen Hass und Liebe hin- und hergerissen.

Der Augenblick durchschneidet wie mit einem scharfen Schwert die Gegensätze, lässt sie als Erscheinungen erkennen, die keine Substanz haben. Der Augenblick eröffnet uns eine Wirklichkeit, die jenseits der Gegensätze liegt. Um diese Dimension zu erleben, bedarf es der Haltung, weder Vorliebe noch Abneigung zu haben. In dem Moment tut sich das ES auf. Dieses ES spüren wir als tiefes Vertrauen. Alle Gegensätze sind aufgehoben. Sie werden jedoch nicht zu einem undefinierbaren ‚Brei' – sie sind die zwei Seiten einer Münze, die sich nicht mehr gegenüberstehen, sondern ihre Eigenschaften verloren haben.

Nicht von den Gegensätzen ‚Mögen' oder ‚Nicht-Mögen' bestimmt zu sein, ist allerdings nicht nur ein Akt unseres Verstandes. Ablehnung und Annahme sitzen tief in unserem Körper. Ich sehe etwas, und schon habe ich ein gutes oder schlechtes Gefühl. Mein ganzer Körper reagiert, ich bekomme eine Gänsehaut, mir wird schlecht. Ich zittere vor Angst oder vor Freude. Annahme und Ablehnung sind so tief in uns verankert, dass es schier unmöglich erscheint, sie zu übersteigen. Nicht nur unser Geist unterscheidet, unser ganzer Körper ist Unterscheidung.

Seng-ts'an nennt dies eine ‚Krankheit'. Diese Krankheit ist in uns selbst verankert. Sie gehört zum Leben dazu wie Gesundheit. Auch hier gilt: Das Eine trägt immer die Zweiheit in sich. Krankheit existiert nur zusammen mit Gesundheit. Krankheit können wir daher nie ausmerzen. Krankheit lässt uns unseren Körper spüren. Solange wir gesund sind, spüren wir ihn nicht. Spüren wir nach dem Essen auf einmal Schmerzen, bemerken wir erst, dass wir einen Magen oder Darm haben. In der Krankheit spüren wir uns selbst, Krankheit macht uns bewusst, wer wir sind. Stoßen wir an, erkennen wir unsere Begrenzung.

Gesundheit gibt es nur wegen der Krankheit. In beiden drückt sich das Leben aus.

Das Leben in der Zweiheit wahrzunehmen, ist ein entscheidender Schritt in der menschlichen Evolution. In der biblischen Paradiesgeschichte wird davon erzählt, dass Eva vom Baum der Erkenntnis isst. Ab diesem Moment erkennen die Menschen den Unterschied zwischen Gut und Böse, heißt es in dem Mythos. Dies wird als Sünde bezeichnet. Sünde ist also nicht, etwas falsch zu machen, sondern in der Verwirrung der Gegensätze zu leben und die Einheit nicht mehr zu erkennen. Jeder Mensch macht in seiner Entwicklung diesen Evolutionsschritt. In ihm entfaltet sich ein Ich, das im Gegensatz zu Gott und der Welt steht. So entscheidend dieser Schritt ist, wäre es doch fatal, würden wir in diesem Bewusstsein der Gegensätze gefangen bleiben und nicht zu dem ES erwachen, das sich als grundlegendes Vertrauen zeigt.

Ursache und Wirkung

Ich möchte den Gedanken der Dualität, den Seng-t'san in seinem *Shinjinmei* ausgeführt hat, noch von einer anderen Seite her beleuchten; denn er ist wirklich etwas ganz Besonderes und in der buddhistischen Tradition tief verwurzelt. Dort wird die Dualität als ‚wechselseitige Abhängigkeit' bezeichnet.

Mit unserem Alltagsbewusstein glauben wir, dass A nicht B sein kann. Buddha lehrte jedoch, dass es A nur gibt, weil es B gibt, und wenn es A nicht gibt, gibt es auch B nicht. Das mag unspektakulär klingen, aber darin steckt eine tiefe Weisheit. Groß kann es nur geben, weil es Klein gibt. Nehme ich Klein weg, fällt auch Groß weg. Liebe kann es nur geben, weil es Hass gibt. Nehme ich den Hass weg, fällt auch die Liebe weg.

Wechselseitige Abhängigkeit beinhaltet auch, dass es ohne Ursache keine Wirkung gibt. Die wechselseitige Abhängigkeit von Ursache und Wirkung jedoch besteht nicht in einer zeitlichen Dimension, A und B sind immer gleichzeitig gegeben. So tritt eine Ursache immer gleichzeitig mit der Wirkung auf. Eines allein gibt es nicht. A war nicht vorher allein da, und B folgt nicht allein hinterher. A und B sind wie die beiden Seiten einer Münze. Sehen wir sie als Gegensätze, sind wir in der Illusion der Gegensätze gefangen, die Seng-ts'an ‚Krankheit des Geistes' nennt. Unser Versuch, Krankheiten auszumerzen, ist, wie bereits gesagt, nicht möglich. So gibt es auch keine Ursache ohne Wirkung. Diese wechselseitige Abhängigkeit muss als Grundprinzip des Lebens verstanden werden.

Vom Denken her sind die Gegensätze nicht aufzulösen, weil das Denken selbst dem Dualismus unterworfen ist. Nur im unmittelbaren Erleben ist es möglich, diese Gegensätze aufzulösen und der Zerrissenheit zu entkommen.

Zen macht dies zum Kern seines Übungsweges. In der Übung, besonders des Zazens, also in der Sitzmeditation, wird dieses Übersteigen gelebt: alles zulassen, nichts weghaben wollen, allein im Sein selbst sein.

Deswegen ruft Seng-t'san uns auf, weder Vorlieben noch Abneigungen zu folgen, um nicht in den Strukturen der Gegensätze gefangen zu sein.

Vor lauter Wald die Bäume nicht mehr sehen – Folgen der Informationsflut

Dieser Grundgedanke durchzieht das ganze *Shinjinmei*: Sobald wir etwas weghaben wollen, ist das andere, das wir ausschließlich haben möchten, ebenfalls weg.

Was jedoch entscheidend ist: Lösen wir Abneigung und Vorliebe auf, tut sich nicht ein neutraler, lebloser Raum auf. Weder Vorliebe noch Abneigung zu haben, ist die Medizin, die die Krankheit der Dualität heilt. Aber nicht auf Kosten der Krankheit, die weggeht, und so auch ihr Gegenteil, die Gesundheit, verschwindet. Vielmehr wird beides ‚überstiegen', und eine ganz neue Dimension eröffnet sich, die in uns eine tiefe Stille hervorruft.

> *Wir haben die Weisheit des Lebens in uns.*

„Wird diese tiefe Wahrheit nicht verstanden, versuchst du deine Gedanken vergeblich zu beruhigen," sagt Seng-t'san. Die Gedanken zu beruhigen, ist der Schlüssel zum Raum der Stille.

Gerade heute geraten wir durch den unendlichen Fluss der Informationen, durch den unendlichen Einfluss von News in eine große Unruhe, fast in eine

Verrücktheit. Wir sehen, wie sich Menschen vollkommen in ihren Meinungen und Vorstellungen verirren und die Wirklichkeit nicht mehr erkennen.

Es ist heute möglich, dass wir uns den ganzen Tag mit widersprüchlichen Neuigkeiten füttern. Meine Großmutter hat in ihrem ganzen Leben nicht so viele Informationen bekommen wie wir heute, auch wenn wir uns nur einen Tag diesen News aussetzen. Das Gehirn kann dies nicht verarbeiten. Es spielt verrückt. Es wird krank.

Ich glaube, die Krankheit des Geistes hat uns weltweit erfasst. Enthalten wir uns für einige Zeit dieser Informationsflut, kann sich unser Geist wieder beruhigen.

Wir haben die Weisheit des Lebens in uns, haben unendliches Wissen in uns. Wenn wir aber ständig Informationen bekommen, haben wir keinen Zugang mehr zu dieser Weisheit, die weit über den gesunden Menschenverstand hinausgeht. Unser Gehirn kann immer nur Ausschnitte der Wirklichkeit aufnehmen, nie das Ganze. Die vielen Bruchstücke, die es aufnimmt, setzt unser Gehirn wahllos zusammen und treibt uns im wahrsten Sinne des Wortes in den Wahnsinn.

Vor gut vierzig Jahren, in den achtziger Jahren des letzten Jahrhunderts, habe ich das Buch des Soziologen Neil Postman *Wir informieren uns zu Tode* gelesen. Damals gab es noch keine Computer, keine Smartphones. Wir hatten nur das Fernsehen mit zwei Programmen, Radio und Zeitung, ein Minimum dessen, was wir heute benutzen. Postman hat damals Versuche beschrieben, bei denen er Passagieren in der U-Bahn einen Schnittmuster-Bogen zeigte und sie nach dem Weg fragte. Die Menschen erkannten nicht, dass sie ein Schnittmuster-Bogen sahen, sondern hatten sofort die Vorstellung eines U-Bahn-Plans. Die Knöpfe darauf definierten sie als U-Bahn-Stationen.

Postman führte viele solcher Versuche durch um zu zeigen, dass wir die Welt mit unseren Vorstellungen belegen und dadurch eine Welt kreieren, die mit der Wirklichkeit nichts zu tun hat, sondern nur in unseren Köpfen existiert. Durch die unendlichen Informationen sind wir nicht mehr fähig, die Welt zu sehen, wie sie ist. Wir sehen den Wald vor lauter Bäumen nicht mehr.

Deswegen ist es für uns Menschen existenziell notwendig, wenn wir überhaupt überleben sollten, unser Gehirn zu beruhigen. Dies sagte Seng-t'san schon im 6. Jahrhundert. Übersteigen wir nicht den gegensätzlichen Geist, sondern hängen uns an Abneigungen und Vorlieben fest, erkennen wir diese duale Struktur des Geistes nicht. Wir halten sie für die Wirklichkeit. Doch alle Informationen, auch wenn sie sich als objektiv verkaufen, bestehen bei näherem Hinsehen aus Vorlieben und Abneigungen.

Im Augenblick erfüllt leben

Seng-t'san beschreibt die neue Dimension, die sich durch das Übersteigen von Ablehnung und Vorliebe auftut: „vollkommen wie leerer Raum, ohne Mangel und ohne Überfluss".

Sie ist der Eintritt in den Augenblick, in die Zeitlosigkeit, in die Weisheit.

Seng-t'san nennt diesen Raum ‚vollkommen'. Vollkommen ist nicht gemeint als Gegensatz zu unvollkommen, sondern im Sinne von umfassend: Alles ist darin enthalten. Er bezeichnet den Raum auch als leer und meint damit nicht: Es ist nichts darin enthalten. In dem leeren Raum, wie Seng s'an ihn nennt, gibt es keine Eigenschaften, nichts ist festgelegt, alles ist in unentwegtem Austausch.

In der Zen-Kunst wird versucht, diesen leeren Raum darzustellen. Die Leere wird als Fülle gestaltet, nicht, indem der Raum vollgestellt wäre, sondern indem wir beim Betrachten oder Hören die Fülle erleben. Die Leere ist das Erfahren des ganzen ‚Kosmos', der weder Mangel noch Überfluss kennt, nicht, weil es beide nicht gibt, sondern weil beide einander bedingen. Beide sind da, doch sie haben nicht die Eigenschaften von richtig und falsch. So wird diese Leere als Stille erfahren, eine Stille, die nicht durch die Abwesenheit von Geräuschen entsteht, sondern weil ihr unsere Zuordnungen gemäß unseren Vorstellungen und Prinzipien fehlt. Es ist eine Stille, in der wir mit uns völlig eins sind, wo nichts mehr fehlt. In diese Stille des Geistes vorzudringen, heißt, sich selbst zu finden.

Die Natur steht dafür als große Helferin bereit. Sie schenkt uns Stille. Die Natur einfach nur wirken zu lassen, keine Gedanken an sie zu heften, nur zu lauschen, macht uns still, obwohl sie erfüllt ist von Geräuschen.

In der Schule, in der ich unterrichtete, wurde in der 12. Klasse immer eine Bergtour unternommen. Alle Schülerinnen und Schüler mussten sich ohne Kontakt zur ‚Außenwelt' eine Woche lang in den Bergen aufhalten, anfangs natürlich mit großem Widerstand und viel Gemeckere. Doch jedes Mal, wenn die Schülerinnen und Schüler zurückkamen, waren sie verändert. Sie erlebten zum ersten Mal bewusst, in welchen Trubel sie wieder eintauchten und wie laut ihre Welt ist.

Ich möchte noch einmal auf Seng-ts'an Ausspruch zurückkommen, dass der leere Raum ohne Mangel und Überfluss ist.

In der westlichen Welt leben viele Menschen im Überfluss, und alle anderen auf der Welt sehnen sich danach. Mangel zu haben, lässt Existenzängste aufsteigen. Angst vor Hunger und Kälte ist evolutionär in unseren Knochen gespeichert und erschüttert uns zutiefst. Aber auch die schwere Arbeit, unter der die Menschen in ihrer Geschichte gelitten haben, führt dazu, dass wir nach allem gieren, was uns von den Strapazen des Lebens befreit.

Überfluss ja, Mangel bitte nicht! Doch dieses Streben widerspricht dem Gesetz der wechselseitigen Abhängigkeit. Mangel und Überfluss bedingen sich gegenseitig. Es ist daher keine Lösung, das eine negieren zu wollen, um das andere zu erreichen. Seng-ts'an sagt: „Hört auf zu wählen, damit geht das So-Sein verloren!" Damit meint er nicht, dass wir Leid und Not gutheißen sollen. Ihm geht es darum, dass durch Ablehnung oder Vorliebe Gier und Hass entstehen, die unser menschliches Dasein zerstören. Unser Denken schafft die Wirklichkeit. Sind wir in dem Zwiespalt von Mangel und Überfluss verstrickt, existieren Mangel und Überfluss. Wie entkommen wir diesem Dilemma? Lebe ich im Augenblick, der sich gerade auftut, ganz und gar, bin ich ohne Vergleich, dann wird der Augenblick zur Befreiung von Mangel und Überfluss. Es ist der Augenblick, der die Lösung bringt, und nicht mein kleines Ich, das sich nur immer mehr in meinen Vorstellungen verstrickt.

Die Kraft der Ruhe einüben

Stille ist in unserer Zeit rar geworden. Es gibt kaum mehr einen Ort, wo wir kein Motorengeräusch hören. Ob Autos, Flugzeuge oder irgendwelche Sägen, unentwegt dringt ein Geräusch an unser Ohr. Aber nicht nur wir Menschen werden durch den Krach, den wir selbst unentwegt machen, ständiger Beschallung ausgesetzt. Wir und die gesamte Natur leiden unter unserem Lärm. Lärm wird sogar mittlerweile mit

Begriffen wie ‚Ausbeutung' und ‚Zerstörung' klassifiziert. Wir wissen, dass uns Lärm krank macht. Doch statt den Lärm zu reduzieren, leise zu werden, schotten wir uns hinter Schallschutzfenstern ab, um wenigstens den größten Lärm außen vor zu lassen. Doch gleichzeitig schallt es dann *in* unseren Räumen aus Radio und Fernseher. Lärm macht uns nervös, wir werden gereizt, aggressiv oder depressiv. Die Unruhe treibt uns voran, wie ein Kutscher seine Pferde antreibt. Wir rennen schnell hierhin und dorthin, verschlingen schnell unser Essen, schnell müssen wir nur noch das oder jenes erledigen. Hetze und Lärm werden eins, und wir erleben uns von den vielen uns bedrängenden Angeboten bestimmt und sehen nicht mehr, dass wir selbst es sind, die keine Rast mehr kennen. Wie glauben vielmehr, die Anforderungen hetzten uns. Lärm ist Unruhe, und Unruhe ist Lärm.

Beides, so wissen wir heute durch Untersuchungen, macht uns krank. Bluthochdruck, unter dem viele Menschen leiden, ist nur ein Beispiel dafür.

In der Geisterbahn der Gedanken

Wie kommen wir aus diesem Hamsterrad heraus?

Wir können die Zeit nicht zurückdrehen. Die Maschinen und Autos können wir nicht einfach abschaffen, die Schnelligkeit der Veränderungen nicht stoppen. Das Zeitalter des Internets bringt eine so rasende Geschwindigkeit der Veränderung hervor, dass wir nicht mitkommen. Es ist nicht möglich, dies alles einfach auszuschalten und zu glauben, dann wäre Stille gegeben. Der Komponist John Cage verschloss

> *Es liegt nicht am Außen, ob wir Stille erfahren. In uns selbst schreit es am lautesten.*

sich einmal in einen schalldichten Raum um zu erforschen, was Stille ist und wie sie auf uns wirkt. Doch wider Erwarten traten in dem Raum, in den kein Geräusch von außen eindringen konnte, ganz andere Geräusche auf. Auf einmal hörte er seinen Herzschlag, bemerkte die Körpergeräusche, und sie drängten sich so in den Vordergrund, dass sie laut wurden und Gedanken der Sorge auslösten, die dann die Stille störten.

Dieses Experiment zeigte deutlich, dass selbst dies, wenn es um uns herum still ist und wir uns von allen Geräuschen abschließen können, noch kein Garant dafür ist, Stille zu erleben. Ich las von einer jungen Frau, die den Lärm der Stadt nicht mehr aushalten konnte. Sie zog sich in eine Einsiedelei in den Wald zurück. Als sie nach Jahren gefragt wurde, ob sie die Stille gefunden habe, klagte sie bitter, wie laut es im Wald war.

Es liegt nicht am Außen, ob wir Stille erfahren. In uns selbst schreit es am lautesten. Damit sind nicht die Körpergeräusche gemeint. Es ist unser Geist, der in einer Tour plaudert und die Ruhe stört. Er kommentiert alles und jedes. Zu allem hat er eine Meinung, macht daraus eine Geschichte oder dreht sogar einen Film.

Schauen wir genau auf diese Geistestätigkeit, ist sie in den meisten Fällen negativ, von Sorgen erfüllt oder mit Angst besetzt. Unser Herzschlag wird schneller, unser Blutdruck steigt, Unsicherheit tritt ein, denn nur in den seltensten Fällen erkennen wir, dass zwar unser Geist arbeitet, wir diese Gedanken aber nicht *sind.* Wir sollten bedenken, dass unser Geist nicht frei und vorbehaltlos seinen Kommentar abgibt zu dem, was unsere Sinne gerade aufnehmen, sondern sich aufgrund unserer menschheitsgeschichtlichen, kulturellen, familiären und individuellen Konditionierungen wie automatisch äußert. Mit diesen Konditionierungen und Konzepten, die unsere Gedanken prägen, sind wir derart identifiziert, dass wir glauben, sie seien die Wirklichkeit, obwohl sie nur Abbilder von längst Vergangenem sind. Diese Gedanken lärmen in uns, und da sie meist negativ sind, hindern sie uns daran, Stille zu erleben, auch wenn alles um uns herum zur Ruhe gekommen ist. Die Identifikation mit unseren Gedanken nimmt uns die Freiheit, uns davon zu distanzieren.

Manchmal beim Einschlafen, wenn der Schlaf einfach nicht kommen will, bemerken wir, wie es im Kopf rattert, doch fällt es uns sehr schwer, dieses Denken anzuhalten, da wir die Fähigkeit dazu nicht eingeübt haben.

Tagsüber ist es oft leichter. Wir nehmen den Lärm in unserem Geist aufgrund von Ablenkungen nicht wahr, obwohl er nicht leiser ist als in der Nacht. Im Gegensatz zur Einschlafphase nachts agieren wir tagsüber diese Gedanken auch noch aus! Wir lassen die Gedanken zu Worten werden und die Worte zu Taten. Wut und Ärger, Angst und Sorgen durchtränken sie. Seng ts'an nennt dies die ‚Krankheit des Geistes'. Diese Krankheit befällt nicht nur unseren Geist, sondern erfasst auch unseren ganzen Körper. Burn-out, Bluthochdruck, ADHS, Depressionen und viele andere Erkrankungen haben häufig ihren Ursprung im Lärm unseres ‚Kopfkinos'. Ohne Unterlass laufen die Filme. Sie kennen keine Pause, und sind wir uns ihrer nicht bewusst, sind sie nicht mehr zu stoppen. Um nicht verrückt zu werden, holen wir uns Hilfe in Ablenkungen. Wir suchen alle nur möglichen Reize, um das Geschrei unseres eigenen Geistes zu übertönen. Wir lassen das Radioprogramm oder den Fernseher laufen. Wir wollen nicht mit uns selbst konfrontiert werden. Wir suchen auf der einen Seite nach Stille, erahnen, wie gut sie uns täte, und auf der anderen Seite halten wir sie, wenn sie dann eintritt, nicht aus. Wir müssten nämlich zuerst durch den Tunnel unserer Gedanken hindurch. Diesen Tunnel können wir uns wie eine Geisterbahn vorstellen mit allen möglichen Dämonen und Gespenstern, die über uns herfallen und uns bedrohen. Stehen wir jedoch diese Anfechtungen durch, lassen wir diese Schreckgespenster hinter uns, verlassen wir die Gedanken-Geisterbahn, entsteht auf einmal eine Leere, die uns noch viel mehr Angst macht als das Geschrei unserer Gedanken. Die Frage tut sich auf einmal auf: Wer sind wir? Was ist der Sinn unseres Lebens?

Befreiung aus dem Netz der Illusionen

So einfach die Fragen nach dem Sinn des Lebens klingen, erschüttern sie uns doch heftig. Existenzangst kriecht in uns hoch. Die Fragen fordern uns heraus, treiben uns an aufzuwachen, uns bewusst zu werden, wer wir wirklich sind. Die Angst verlangt von uns, dass wir uns der Wirklichkeit stellen, vor der wir mit unseren Träumen, Vorstellungen und Konzepten davongelaufen sind. Die Wirklichkeit macht uns Angst, sie scheint das Leben nicht zu verschönern, sie ist nicht in den Farben gemalt, die wir schön finden. Die Wirklichkeit zeigt uns nämlich die Vergänglichkeit. Sie wirft die Frage nach Leben und Tod auf. Die Wirklichkeit ist unentwegt in Bewegung, wandelt sich ständig. Wir Menschen suchen nach Halt, klammern uns an Beständigkeit. Was kann uns tragen?

So spinnen wir uns lieber ein Netz aus Illusionen in dem Glauben, dieses könnte uns in aller Unbeständigkeit auffangen. Doch der kleinste Windhauch bringt dieses Netz in Gefahr. Es bewegt sich gefährlich hin und her. Es ist kein sanftes Schaukeln, kein Wiegen, das mich trägt, beruhigt und schlummern lässt. Und dieser Windhauch des Lebens bleibt auch nicht nur ein feines, weiches Atmen.

Er verändert sich, wird stärker, entwickelt sich vielleicht zum Sturm und reißt an unserem Netz. Es wird nicht lange dauern, dass er das Geflecht des Netzes zerfetzt und uns herausreißt. Jetzt kleben die Fäden der Illusionen an uns, hindern uns daran, dass wir uns frei bewegen können. Wie in einem Kokon sind wir gefangen, und die Fäden der Illusion hindern uns daran, unsere Flügel auszubreiten und wie ein Vogel in den offenen Himmel zu fliegen. Die Fänge der Konzepte umschließen uns. Um wirklich freizukommen, bleibt uns nichts anderes übrig, als all die klebrigen Illusionen abzustreifen. Alles, womit wir uns identifiziert haben, alles, was wir glaubten zu sein, muss sich auflösen.

Wir brauchen ein Mittel, das die klebrige Masse auflöst. Es ist dem Putzen gleich. Wie ein Raum jeden Tag von neuem gereinigt werden muss, brauchen wir den Scheuerlappen, um den Geist zu reinigen. In Bhutan gibt es das Schulfach ‚Geist putzen'. Es mag verrückt klingen, denn das Gehirn zu putzen vermittelt schließlich kein Wissen. Worum geht es dabei? Das Gehirn zu putzen ist die Fähigkeit, seine Gedanken als Gedanken zu erkennen und die Freiheit zu haben, sich nicht damit zu identifizieren. Dies ist nichts anderes als das, was im Zazen praktiziert wird. Das ‚Gehirn putzen' heißt nicht, dass es keine Gedanken mehr geben darf, sondern, dass ich die Gedanken vorüberziehen lassen kann, wie ich den Wolken am Himmel oder wie ich dem Flug eines Vogels nachsehe. Ich fange den Vogel nicht ein und füttere ihn nicht im Käfig mit weiteren Gedanken.

Den sanften Gesang des Lebens hören

Hilfreich dabei ist, die Konzentration auf einen Fokus auszurichten und sich nicht ablenken zu lassen. Normalerweise schweift unser Geist umher, nimmt dies oder jenes wahr, bleibt an manchem hängen, macht daraus seine Geschichte, in der er sich dann verliert. Wir spielen jetzt mit. Emotional reißt uns diese Geschichte mit und bestimmt unser Tun, bis wir wieder aus dem Traum erwachen und uns der nächste Gedanke einfängt. Können wir jedoch unsere Aufmerksamkeit längere Zeit auf einen Fokus, wie zum Beispiel den Atem richten, erleben wir, wie uns dies beruhigt. Der Atem ist ein wunderbarer Fokus, denn an ihm können wir die Struktur der Wirklichkeit in ganz besonderer Weise erleben. Wir atmen immer, ob wir schlafen oder wachen. Meist nehmen wir den Atem nicht wahr, es sei denn, er stockt oder wir sind in Eile und er wird schneller. Schauen wir jedoch bewusst auf den Atem, taucht sofort der Gedanke auf, „ich atme ein, ich atme aus". Ein Ich-Gedanke setzt sich auf das Atemgeschehen so schnell drauf, dass ich den Eindruck habe, mein Ich hätte sich dazu entschlossen zu atmen und führe es jetzt aus. Dies ist die große Illusion, der wir bei allem unterliegen. Der Ich-Gedanke ist immer nachgeordnet, bei jedem Geschehen. So wie der Atem geschieht, so geschieht alles. Jetzt kann leicht der irrige Glaube entstehen, dass es jemanden außerhalb von uns gibt, der handelt. Doch das Leben selbst in seiner unendlichen Bedingtheit vollzieht sich. Alles steht in wechselseitiger Abhängigkeit, unendliche Phänomene spielen jeden Augenblick ineinander. Jeder Augenblick ist völlig anders, auch wenn er uns gleich erscheint. Wir kennen nur die oberflächlichen, für uns leicht sichtbaren Bedingtheiten, doch im Grunde genommen ist jeder Augenblick eine neue Konstellation des ganzen Universums. Jeder Moment eröffnet mir den Kosmos. Zazen ist die Übung, den Kosmos in jedem Augen-

So wie der Atem geschieht, so geschieht alles.

blick zu erleben. Doch erlebt das Ich nicht den Augenblick. Tritt der Augenblick in Erscheinung, ist dies ein Akt des Bewusstseins. Der Augenblick ist Bewusstsein. Der Augenblick wird sich daher selbst bewusst. Dieses Geschehen der Bewusstheit ist absolut still. Es gibt kein Ich mehr, das etwas will, sich gehetzt fühlt, sich vom Leben abschneiden muss, sich nach etwas anderem sehnt als nach dem, was ist. Diese Stille wird als kraftvoll erlebt, und die Leichtigkeit des Seins erfüllt uns.

Bei vielen indigenen Völkern gilt es in der Erziehung als erstrebenswert, den Kindern das Schweigen beizubringen. Schweigen nicht verstanden als nur den Mund zu halten, Gedanken zu unterdrücken, während sie im Innern weiterreden, sondern dem Gedankenfluss nicht nachzugehen. Dieser Fluss zeigt sich oft sehr bewegt, auch reißend, nämlich dann, wenn wir seine Wellen zu lenken versuchen, sie festhalten oder wegdrängen wollen. Der Fluss beruhigt sich jedoch, wird sanft, und sein Tosen wird zu einem wunderbaren Gesang, wenn wir nicht eingreifen. Diese Haltung gibt uns und den Kindern, wie es bei vielen Indigenen heißt, Kraft und Stärke.

In unserer Kultur hingegen hat sich eine ganz andere Ausrichtung entwickelt. Wenn wir unsere Gedanken unterdrückten, beginnen sie, in unserem Inneren ein Eigenleben zu leben, sich zu einer inneren Geschichte aufzublähen. Diese Geschichten können sich verfestigen und uns krank machen. So ist es in unserer Kultur eingeübt. Aber es gilt, etwas anderes zu erlernen, nämlich die Gedanken vorüberziehen zu lassen; denn ein Gedanke ist eine Erscheinung. Wird uns das bewusst, dann hängen wir dieser Erscheinung nicht nach und geben ihr dadurch keine Substanz. Halten wir jedoch einen Gedanken fest, identifizieren wir uns mit ihm, indem wir ihn als zu uns gehörig, mit uns eins sehen, dann drängt der Gedanke nach außen. Er will ausgesprochen sein, wenn nicht laut, dann doch in mir. Ich gebe ihm die Macht der Existenz und damit auch die Macht, sich in meinem Handeln auszudrücken. Unentwegt sprießen Gedanken hervor, und wenn wir sie nicht ziehen lassen können, reden wir ohne Ende, und was nicht laut aus uns herauskommt, wird innerlich schwätzen. Wenn diese innerlichen Gespräche kein Gegenüber finden, können sie sich auf den Magen schlagen, führen zu Depression oder Aggression und machen uns krank.

Traditionell glaubten wir bisher, um dem vorzubeugen, sei es besser, alles auszusprechen. Der Weg, den Gedanken keine Substanz zu geben und sie vorüberziehen zu lassen, ist in unserer Kultur kaum entwickelt worden. Jeder Gedanke wird als absolut gesehen, in dem sich mein Ich ausdrückt, das es verdient, ernst genommen zu werden. Wir nehmen unser Ich sehr wichtig, Individualität ist hoch angesehen. Dabei übersehen wir, dass dieses Ich im Grunde eine Chimäre ist. Das Ich ist wirklich zum Ungeheuer mutiert, das sich von allem und jedem abgrenzen muss, sich immer bedroht fühlt, nicht gesehen, nicht wertgeschätzt. Doch das Ich ist wie die Gedanken ohne Substanz, es verändert sich ständig, einmal ist es froh, das anderes Mal traurig, und es braucht nicht einmal Gründe dafür im Außen. Der Stoffwechsel selbst bestimmt die Launen unseres Ichs. Das Gehirn ist Stoffwechsel. Es spielt eine Rolle, was wir essen. Fehlen uns bestimmte Stoffe, denkt unser Gehirn anders als im gesättigten Zustand. Sind wir körperlich erschöpft, fühlen wir uns ausgelaugt, denkt das Gehirn zum Beispiel: „Ich kann nicht mehr. Ich will nicht mehr" und Ähnliches. Das kann sogar dazu führen, dass wir an Suizid denken. Es gibt kein Ich, das frei und selbstbestimmt dies und das denkt und sagt, sondern der Stoffwechsel bringt bestimmte Gedankengänge hervor.

Der Weg, den Gedanken keine Substanz zu geben und sie vorüberziehen zu lassen, wurde in unserer Kultur kaum entwickelt.

Der hohe Stellenwert, den wir einem scheinbar eigenständigen Ich geben, ist eine Illusion, die uns vor große Probleme in unserem Leben stellt. Unser Ich steht auf einmal dem Leben gegenüber. Es steht in einem Kampfmodus zum Leben, denn unsere Ich-Struktur zeigt sich so, dass sie immer alles anders haben möchte, als es ist. Erlebt sich das Ich nicht als Augenblick, nicht als das Zusammenspiel des ganzen Kosmos', sondern als eigenständig, selbstbestimmend, so erlebt es sich der Welt, ja dem ganzen Kosmos *gegenüber*. Es sieht sich im Vergleich, im Unterschied zu allem. Es ist getrennt, es ist zerrissen, es ist leidend. Das buddhistische Herz-Sutra endet mit dem Mantra: „Gate gate Paragate Parasamgate Bodhi svaha." Dies könnte man folgendermaßen übersetzen: „Hinüber,

hinüber an das andere Ufer; wach auf, du bist schon da."

> Einst kam ein Mönch an einen Fluss. Er sah am gegenüberliegenden Ufer seinen Meister und rief zu ihm hinüber: „Meister, Meister, wie komme ich ans andere Ufer?" Da rief der Meister zurück: „Du bist doch schon am anderen Ufer!"

Stille ist Einssein mit dem Wandel des Lebens

Jeder Moment offenbart den gesamten Kosmos. Es gibt nichts mehr und auch nichts weniger als diesen Augenblick. Alles Sehnen nach mehr, nach anderem als das, was jetzt ist, ist nicht möglich. Was könnte mehr sein als dieses Jetzt? Was könnte anders sein als dieses Hier?

Diese verquere Geistesstruktur, dass es anders sein soll, als es ist, bringt uns in Unruhe. Sobald wir uns bewegen, ruft unser Ich, „Ich will aber Ruhe!" Ruhen wir, will es sich bewegen. Ist es still, möchte es Abwechslung, ist Abwechslung gegeben, möchte es Ruhe. Dieses Chaos in unserem Kopf macht es unmöglich, dass wir Stille erleben.

Stille ist jedoch für uns Menschen die einzige Kraftquelle. Nicht, weil die Stille ein innerer Kern wäre, an den wir uns anschließen wie an einen Hahn, aus dem wir trinken können. Stille hat wie alles Leben keine Substanz. Stille zeigt sich in Ruhe und Unruhe, in Geräuschen und Geräuschlosigkeit, in Bewegung und Bewegungslosigkeit. Sie ist das Wechselspiel der beiden Kräfte Yin und Yang. Nie lässt Stille sich auf einer

Seite nieder, nie hält sie dort inne. Wir lassen uns ein auf dieses Spiel des Wandels, halten uns nicht fest an einer Seite. Bevorzugen nicht das eine und lehnen nicht das andere ab. Wir sind eins mit dem Wandel, mit dem Fluss des Lebens. Wir brauchen nicht gegen den Strom zu schwimmen, uns nicht zu verausgaben in einem irrationalen Unterfangen, bei dem nur das Scheitern am Schluss steht. Dieses Sich-Einlassen auf das Geschehen des Lebens lässt uns still werden trotz unentwegter Veränderung.

Im Erleben liegt die Ruhe

Zazen ist ein unglaublich passender Ausdruck dieser Lebenshaltung. Daher kommt es nicht von ungefähr, dass Dogen Zenji die Übung des Zazen bereits als Erleuchtung beschreibt. In der scheinbaren reglosen Bewegung nehmen wir das Wechselspiel des Lebens, die Unendlichkeit der ineinander verwobenen Pole des Yin und Yang wahr. In einem Augenblick des Zazen wird sich der ganze Kosmos seiner selbst bewusst. Beschreibe ich Zazen als Übung, ist dies leicht täuschend, da wir ‚Übung' meist so verstehen, dass wir etwas einüben, was wir dann können. Die Zazen-Übung jedoch ist ein Erleben dessen, was immer schon da ist. Nichts können wir dazulernen, nichts wegmachen. Da jeder Augenblick, so wie Dogen Zenji es ausdrückt, ein Schlag der Glocke des Universums ist, sprich: jeder Augenblick bereits das ganze Universum sichtbar macht, ist Zazen die Bewusstwerdung dessen, was ist. Alles Streben, alles Sich-Bemühen, alles Suchen kommt zur Ruhe. In der Ruhe liegt die

Kraft, heißt es so schön. In der Ruhe lasse ich alles geschehen. Auch wenn ich arbeite und mich nicht hetze, fertig zu werden und es schnell hinter mich zu bringen, erlebe ich, wie jede Arbeit ihre Zeit hat, sich in ihrer eigenen Zeit verwirklicht. Sogar schwere Arbeiten werden dadurch nicht erschöpfend, sondern schenken uns Kraft.

Dazu diese wunderbare Geschichte:

> Als Meister Ungan den Boden kehrte, sagte Meister Dogo zu ihm: „Du arbeitest hart, nicht wahr?“ „Du solltest wissen, dass da einer ist, der nicht hart arbeitet“, antwortete ihm Ungan. „Tatsächlich? Du meinst also, es gibt einen zweiten Mond?“, fragte ihn Dogo. Ungan schwang seinen Bambusbesen.

Im Zen spielt die praktische Arbeit eine sehr wichtige Rolle. Natürlich kann man sagen, man hat die Aufgabe, die Wohnung zu putzen, den Garten zu richten, zu kochen. Das sind notwendige Aufgaben in einem Kloster. Doch ginge es nur darum, dann könnte man auch jemanden dafür anstellen. In unserer westlichen, christlichen Mönchstradition ist die praktische Arbeit ebenfalls Teil des spirituellen Lebens: „ora et labora“, „bete und arbeite“. Doch immer wieder hat es sich im Laufe der Zeit durchgesetzt, diese scheinbar niederen Aufgaben den fratres, den Brüdern, zu überlassen, während sich die patres, die studierten Mönche, den geistigen Aufgaben widmeten. Zwar kam es immer wieder zu Reform-Orden, die zu den

Ursprüngen zurückkehren wollten, doch Schritt für Schritt kam es auch in diesen wieder zu einer Zweiteilung der Aufgaben. Vermutlich liegt es in unserem Naturell, dass wir die geistige Arbeit einfach höher einschätzen, nicht nur, weil sie weniger schweißtreibend ist und wir uns nicht schmutzig machen, sondern vielleicht auch, weil wir an unseren geistigen Höhenflügen so viel Freude haben. Wer von uns unterhält sich nicht gern tiefsinnig, wer tauscht sich nicht gern über Erkenntnisse aus, ist nicht begierig auf neue Einsichten, die sich beim Lesen eines sehr guten Buches oder der heiligen Schriften erschließen können? Im Putzen hingegen wiederholt sich das Immer-Gleiche, nichts wirklich Neues kommt hinzu, im Gegenteil, man macht und tut und braucht doch nicht lange zu warten, bis es wieder wie vorher aussieht.

Es ist nicht einfach, bei einer gleichförmigen, sich wiederholenden Arbeit im Erleben, also im Augenblick zu sein. Immer wieder versucht unser Geist, spazieren zu gehen und dieser Arbeit einen besonderen Gewinn abzuringen. Dieser Gewinn scheint bei der Beschäftigung mit geistigen Dingen viel eindeutiger.

Doch das ist Illusion. Im Grunde genommen ist jedes Denken oder das Lesen von Schriften ein gedankliches Nachvollziehen von Erlebtem. Ohne das Erleben gibt es kein neues Erkennen. Ein Erleben erst lässt neue Gedanken denken. Erkenntnisse müssen erlebt und durchlebt sein, wenn sie nicht nur als Wissen im Gedächtnis haften bleiben, erst dann sind sie im Leben tragfähig.

Deswegen legt Zen sein Augenmerk auf das Erleben. Im Zen weiß man, dass alles Denken nicht trägt, solange es nicht vom Körper verinnerlicht ist. Erst dann kann es wirksam sein.

Zazen ist die Bewusstwerdung dessen, was ist.

So ist es auch mit der Geduld. Erst wenn nur noch dieser Augenblick gelebt wird, und zwar nicht, weil ich resigniert bin und nichts anderes mehr erwarte, sondern weil das Hier und Jetzt mich erfüllt, gibt es kein Warten mehr. Es geht um das Geschehen selbst und nicht um ein Ergebnis, das am Ende herauskommt. Das Tun selbst ist es, denn im Tun erfahre ich, wie sich das Leben in mir entfaltet, ich erlebe mich selbst. Auf diese Weise endet das Warten und sogar die Kategorie Geduld.

Schiebt sich kein Gedanke zwischen mich und das Tun, bin ich das Tun, und das Tun bin ich. Mein Ich fällt mit dem Tun zusammen, und ich erfahre, dass nicht ich etwas tun muss, sondern dass sich das Tun als Ich entfaltet.

> Dies will in der Geschichte Meister Ungan Dogo erklären, indem er sagt: „Du solltest wissen, dass da einer ist, der nicht hart arbeitet."
> Es gibt kein Ich, das arbeitet. Doch was ist mit der Antwort gemeint? Da gibt es immer noch einen, der arbeitet, zwar nicht hart, aber dennoch scheint es einen zu geben, der etwas tut.
> „Tatsächlich", antwortet daraufhin Dogo, „du meinst also, es gibt einen zweiten Mond?"
> Der Mond ist ein altes Bild für die Leere, die sich immer in der Form ausdrückt. Wie der Mond das

Licht widerspiegelt und doch nicht das Licht ist, so spiegelt jede Form die Leere wider.
Daraufhin schwingt Ungan seinen Bambusbesen und zeigt Dogo damit: Ich und du, ich und arbeiten, ich und der Kosmos – wir sind eins. So wie der Ozean in allen Wellen derselbe ist und sich doch jeden Moment in einer anderen Welle zeigt und nie der gleiche ist, so sind alle Phänomene des Lebens eins.

Wie könnte eines daher mehr wert sein als das andere? Wie könnte ich mich über das eine erheben und das andere erniedrigen?

Diese Haltung bringt unseren Geist zur Ruhe. Er verlangt nichts mehr. Unsere Gier nach immer mehr erschöpft uns und schafft in uns Unruhe. Ruhe jedoch tritt ein, sobald wir das, was ist, annehmen können. Annahme bringt Ruhe hervor, und Ruhe ist die Kraft, die uns das Leben genießen lässt.

Gegensätze lösen sich auf

Du darfst nicht alles glauben, was du denkst

Im Zen ist die Erkenntnis, dass Worte und Gedanken die Wirklichkeit nicht erfassen können, von großer Bedeutung. Worte sind für sich selbstverständlich wirklich. Sprechen und Denken sind Wirklichkeit. Doch fast immer gebe ich den Worten oder Gedanken meine Bedeutung, und damit erlebe ich meine Deutung, nicht jedoch die Worte oder Gedanken an sich, die sich im Augenblick des Sprechens, Lesens oder Hörens unmittelbar auftun. Haben wir zum Beispiel Hunger und jemand gibt uns ein Kochbuch, dann kann ich das Lesen des Buches, das Schauen der wunderschönen Fotos erleben, doch Essen selbst ist etwas ganz anderes. Beim Essen erleben eine ganz andere Wirklichkeit als beim Lesen eines Kochbuches. Oder wir sind zu einem Tee oder Wein eingeladen und bekommen ein schönes Buch über Tee oder Wein vorgesetzt, dann hat das Lesen des Buches nichts mit dem Genießen der Getränke zu tun. In dem Tee-Buch ist vielleicht wunderbar über den Tee geschrieben, doch dieses zu lesen, ist ein völlig anderes Erleben als Tee zu trinken.

Wollen wir Worte und auch Gedanken jemandem nahebringen, müssen wir ihn ins Erleben bringen und die Worte nicht als eine Interpretation von Erlebtem benutzen.

> Wie dieser Rabbi, der vom Auszug aus Ägypten erzählt und wie die Israeliten durchs Schilfmeer gingen. Inbrünstig beschreibt er die Ängste und Nöte des Volkes und was sie alles durchmachen mussten, als sich die Wasser teilten, sie durchs Meer hasteten, und gerade, als sie die Furt durchquerten, kam das Meer zurück. „Sie bauschten ihre Kleider hoch!", ruft er, und in dem Moment heben alle Zuhörenden ihre Kleider. Das ist das *Erleben* der Worte.

Meistens jedoch und besonders in Gesprächen oder in Diskussionen berichten wir von unserem Erleben als unsere Meinungen darüber. Wir verwechseln unsere Interpretationen mit dem Erlebten. Sind wir uns dessen nicht bewusst, halten wir Theorien für die Wirklichkeit. Leider geschieht dies allzu oft, und wir geraten damit in Streitigkeiten oder sogar in kriegerische Auseinandersetzungen; denn jeder erhebt den Anspruch, die richtige Interpretation zu besitzen.

Daher meint Seng-t'san: „Je mehr Worte und Gedanken, desto weiter von der Wirklichkeit entfernt." Ein Erleben beginnt mit einer unmittelbaren Wahrnehmung, ob bewusst oder unbewusst. Fast gleichzeitig steigt jedoch ein Gedanke auf, der alles sogleich in Raum und Zeit einordnet, er selektiert und urteilt je nach Prägungen und Konditionierungen. Damit wird das Erleben verschleiert und begrenzt. Prägungen sitzen sehr tief und sind uns oft nicht bewusst.

Es gibt eine schöne Geschichte, die das verdeutlicht:

> Ein Indigener aus dem Reservat der Hopi besucht einen Städter. Ringsum rauscht der Großstadtverkehr. Plötzlich hält der Besucher den Städter an: „Hörst du, da zirpt eine Grille." Der entgegnet: „Hier gibt´s keine Grillen. Alles, was ich höre, sind Autos, Lkws und Motorräder."
>
> Während die beiden weitergehen, lässt der Hopi unauffällig eine Münze fallen. Sie rollt ein kleines Stück auf dem Asphalt und bleibt liegen. Zwei, drei der vorüberhastenden Menschen hören: Da ist ein Geldstück gefallen, sie bleiben stehen und beginnen zu suchen. Einer nimmt die Münze auf, steckt sie ein. Die beiden Männer beobachten dies und gehen weiter. Nach wenigen Schritten schiebt der Hopi einige Efeublätter vor einer Hausmauer beiseite und – da sitzt die Grille.

Wir alle sind auf bestimmte Dinge hin geprägt, die uns das Fenster zur Wirklichkeit verschließen. Es ist jedoch fatal, dass wir unsere eingeschränkte Sicht für die Wirklichkeit halten.

Worten wird Bedeutung zugeschrieben

Die Praxis des Zen, besonders in der Meditation, im Zazen, übt ein, den unmittelbaren Augenblick wahrzunehmen, nicht zu selektieren, sondern einen weiten

Blick zu haben, ohne Benennung, ohne einen Begriff. Diese Übung ist schon schwer genug. Sie wird jedoch noch schwieriger, wenn wir etwas wahrnehmen, das uns schmerzt, das uns vielleicht beleidigt oder sogar angreift. Hier in der Wahrnehmung zu bleiben, nicht zu urteilen, nicht abzulehnen, ist eine große Herausforderung. Alte Meister versuchten ihre Schüler darin zu schulen. Sie setzten ihre Schüler einer Kränkung aus, in der diese sich im Idealfall der tiefen Konditionierung bewusst werden konnten:

> So sagte Meister Unmon (China, 9. Jahrhundert) einmal zu Tosan: „Du alter Reissack."

Beziehe ich diese Worte auf mich, bin ich gekränkt. Kann ich sie jedoch als einen Moment ohne Wertung nehmen, erlebe ich sie wie das Klingen einer Glocke, deren Klang verhallt, ohne eine Spur zu hinterlassen.

Kleinen Kindern fällt dies noch leicht. Sie geben Schimpfwörtern noch keine Bedeutung. Sie können umherlaufen und diese dabei fröhlich singen. Erst durch die Ermahnungen der Erwachsenen lernen sie, dass diese Wörter nicht passend sind. Jetzt beziehen sie die Schimpfwörter auf sich oder auf jemanden anderen und sehen sie als Beleidigung.

Eine Beleidigung kränkt zwar das Ich, kann das wahre Selbst aber nicht berühren.

Auch der chinesische Meister Linji Yixuan, der den Rinzai-Zweig des Zen-Buddhismus gründete, schulte seine Schüler mit der Herausforderung, eine Beleidigung als einen Moment anzunehmen, der das Ich zwar kränkt, aber das wahre Selbst nicht berühren kann. Zen übt sich darin, Worten nicht die eigene Bedeutung zu geben und aus ihnen keine Geschichte zu machen, sondern sie sogleich loszulassen. Dies ist keine leichte Übung. Es gibt nichts, was unser Ich lieber hat, als sich mit allem und jedem zu identifizieren, und wehe, es fühlt sich nicht angenommen, geliebt oder gesehen. Das Leid ist groß und gräbt sich oft tief in uns ein.

In Georg Trakls Gedicht „Ein Winterabend" heißt es in einer Zeile: „Schmerz versteinerte die Schwelle." Georg Trakl hat zutiefst erkannt, dass Verletzungen, wenn wir sie nicht loslassen können, versteinern. Sie hindern uns daran, auf jemanden zuzugehen. Wir werden hart, legen uns einen Panzer an und sind uns und anderen Menschen gegenüber hart wie ein Stein. Hinter unserer Härte stehen jedoch tiefe Verletzungen. Wieder in die Lebendigkeit zu kommen, erfordert, die Gedanken und Worte, die wir unentwegt an die Verletzungen hängen, abzuschneiden; das heißt, nicht mehr über die Verletzungen nachzudenken, kein Warum und Wieso, keine Geschichten zu kreieren und keine innerlichen Gespräche mehr zu führen, sondern sich ganz auf den neuen Augenblick einzulassen. Wir werden erleben, wie sich die Gedanken zurückziehen und wir wieder frei werden für Neues.

Bei Kado, dem japanischen Blumenweg, einer Zen-Kunst, werden Blumen manchmal sehr reduziert.

Lässt man ein Arrangement auf sich wirken, ist zu spüren, wie erst durch das Beschneiden das Wesen der Blumen voll zum Ausdruck kommt.

Die Katze und die Ratte

Durch das Abschneiden von Worten und Gedanken wird ES offenbar, nicht durch unsere Konditionierungen und Prägungen. Das Sosein allen Seins zeigt sich immer nur in diesem Augenblick. Dieses Abschneiden der Gedanken und Worte wird in einer wunderschönen Zen-Geschichte dargestellt:

> Ein Schwertmeister hatte eine Ratte in seinem Haus. Diese Ratte biss alles an. Er schickte seine Katze hinein, die sich im Rattenfangen bereits gut bewährt hatte, damit sie die Ratte fange. Die Katze wurde in das Zimmer gelassen. Da hörte der Schwertmeister ein furchtbares Geschrei. Die Ratte war auf die Katze gesprungen und hatte sie gebissen.
>
> Der Schwertmeister war total überrascht, er hatte geglaubt, seine Katze sei stärker als die Ratte. Er ging zu seinem Nachbarn und sagte ihm: „Meine Katze kann diese Ratte nicht fangen, vielleicht ist deine Katze besser.“ Er nahm die Katze des Nachbarn, die sich ebenfalls schon im Rattenfang bewährt hatte. Doch der erging es nicht anders. Daraufhin ging er ins Nachbardorf, denn er hatte gehört, dass es dort eine Katze gäbe, die vor keiner Ratte Angst habe. Er holte auch diese Katze. Doch auch diese wurde von der Ratte angegriffen.

Da sah sich der Schwertmeister in der Situation, der Ratte selbst Herr werden zu müssen. Er versuchte die Ratte mit seinem Schwert zu treffen. Doch er konnte die Ratte weder fangen noch treffen. Es hieß, er habe dabei sein ganzes Haus zerschlagen. Da hörte er Leute erzählen, dass es in einem anderen Dorf eine Katze gäbe, die sehr gut sein solle. Der Schwertmeister fuhr in das andere Dorf und lieh sich auch diese Katze aus. Diese Katze war aber nicht besonders, nur eine normale Hauskatze, sogar ein wenig mollig. Der Schwertmeister dachte bei sich: „Ob das was sein kann?" Doch er holte die Katze, setzte sie in den Raum, in dem die Ratte war. Es dauerte nicht lange, da kam diese Katze mit der Ratte im Maul heraus. Jetzt waren alle baff. Diese Katze, die nach nichts aussah, sie hatte die Ratte gefangen! Die anderen Katzen fragten: „Wie hast du das gemacht?" Doch sie entgegnete: „Erzählt erst einmal, was ihr gemacht habt, dann erzähle ich, was ich gemacht habe."
Eine Katze sagte: „Ich bin perfekt in der Technik. Ich bin schnell, ich kann sogleich meine Krallen herausspringen lassen und habe einen ganz schnellen Biss. Doch das hat alles nichts genützt."
Eine andere Katze sagte: „Ich habe mich im Geist geschult, damit allein schon mein Blick die Ratte treffen kann. Aber es hat auch nichts genützt."
Die dritte Katze sagte: „Ich habe meinen Herzgeist entfaltet, damit ich nur mit meiner Hingabe die Ratte erfassen kann. Aber auch das hat nichts genützt."

Als letzter kam der Schwertmeister und sagte: „Ich habe ja gelernt, dass man nicht einfach wahllos umherschlägt, aber auch das hat alles nichts genützt. Aber was hast denn du gemacht?"
Da sagte diese etwas mollige Katze: „Nur wenn man nichts denkt, wenn du nichts machst, sondern dich mit deiner Bewegung der Schwingung des Wesens überlässt, hast du keine greifbare Form. Und nichts auf Erden kann als Gegenform auftreten. Dann gibt es auch keinen Feind mehr, der widerstehen kann."

Nichts-Wollen lehrte die Katze die anderen Katzen: „Ihr alle hattet noch die Absicht, die Ratte zu fangen, ihr alle habt noch an die Technik, an euren Geist, an euren Herzgeist, an eure Schnelligkeit gedacht. Nein, an nichts denken und mit dem Wesen, das wir sind, in Schwingung kommen." - „Unser Wesen hat keine Form, es zeigt sich zwar in der Form, aber die Form ist eine Erscheinung, eine Chimäre, und in dem Moment, in dem meine Form eine Erscheinung ist, sind auch alle anderen Formen Erscheinungen, und nichts wird mich mehr angreifen können." Dann sagte sie noch: „Aber ich kannte noch eine bessere Katze, einen Kater. Der schlief nur, und keine Ratte traute sich in seine Umgebung." „Ja, wie das?" fragten die anderen Katzen. „Er hatte sein Ich aufgegeben, er hatte kein Ich mehr, sondern er war das ganze Universum, das immer nur von einem Pol zum anderen schwingt."

Das Ich ist eine Illusion

Ichlosigkeit ist der Augenblick, in dem mir bewusst wird, dass nicht *ich* lebe. Das Leben lebt sich, nicht *ich* denke, der Gedanke denkt sich. Es ist der Augenblick, der das Ich als Gedanke der Identifikation entlarvt. Mein Ich hat sich aufgelöst und ist jetzt eins mit dem Geschehen. Es gibt nichts mehr, von dem es getrennt ist.

In jedem Moment steht das bereit, was gerade entscheidend für mich ist.

Das Ich möchte jedoch im Mittelpunkt stehen und steht sich dadurch im Wege. Das Gefühl, nicht wichtig zu sein, kann uns in eine tiefe Depression treiben. In solchen Momenten ist es hilfreich, an ein Puzzle zu denken. Dort können wir erleben, dass das Puzzle wertlos wird, wenn auch nur ein einziges Puzzlestück fehlt. Der leere Platz fällt sofort ins Auge und macht das ganze Puzzle zunichte. Das Fehlen eines nur winzigen Stücks, vielleicht eines Teils vom Himmel oder der Erde, zerstört bereits das ganze Puzzle. Wir sind in dieser Welt einem Puzzlestück gleich. Fehlte nur eines, bliebe ein Loch. Das Ganze wäre nicht mehr vollständig.

Die Vorstellung von einem frei sich bestimmenden, eigenständigen Ich ist die große Illusion. Halten wir daran fest, trennt uns dies gefühlsmäßig vom Ganzen, wir erleben uns verloren und verlassen und können nicht mehr wahrnehmen, dass wir das Ganze und darin vollkommen sind.

Wer hinterherjagt, hat selten Erfolg

Einst war ich mit einem Jäger unterwegs. Er erklärte mir: „Nur Hitzköpfe und Anfänger jagen hinter einem Reh her. Hinter etwas herzujagen, ist bereits die erste Voraussetzung dafür, es nicht zu bekommen. Je mehr man jagt, umso weiter entfernt man sich."

Jagen ist ein sehr schwieriges Wort. Es beinhaltet, dass ich etwas unbedingt haben möchte. Ich hetze hinterher und hoffe, mein Ziel auf alle Fälle zu erreichen. Doch der Jäger war davon überzeugt, dass dies nicht der richtige Weg ist. Um etwas zu fangen, muss man Geduld aufbringen und wissen, das Tier kommt zu einem. Auf die Jagd zu gehen und einen Fang zu machen, erfordert, nichts zu wollen, zu schauen, zu lauschen, ob etwas erscheint, das zu mir kommen möchte.

Es ist der Augenblick, der sich mir bietet. In jedem Moment steht das bereit, was gerade entscheidend für mich ist.

Das Gleiche gilt für unsere Übung: Wir lauschen mit dem ganzen Körper darauf, was jetzt ist. Es gibt kein Warten auf irgendetwas, nur Dasein und das Jetzt erkennen. Warte ich auf etwas, erlebe ich nichts. Das Warten selbst birgt in sich bereits eine Vorstellung davon, dass etwas eintreten könnte oder sollte. Die Vorstellung kann noch so diffus sein, sie ist da. Warten ist auf die Zukunft hin ausgerichtet und damit verpasse ich das, was gerade ist. Wach da sein – das ist alles.

Den Augenblick zurückholen wollen

Als Bodhidharma zu Kaiser Wu kam und nach dem Verdienst für seine Förderung des Buddhismus fragte, enttäuschte ihn Bodhidharma damit, dass er alle Dinge als leer und weit bezeichnete und nichts als heilig. Kaiser Wu verstand ihn nicht. So zog Bodhidharma weiter, in seiner Tiefe vom Kaiser unerkannt.

Der Berater des Königs fragte daraufhin den Kaiser, ob er verstanden habe, welche Botschaft Bodhidharma ihm überbracht habe.

Kaiser Wu antwortete enttäuscht: „Nein ganz und gar nicht."

Da klärte dieser den Kaiser auf: „Bodhidharma war der Bodhisattva Avalokiteshvara, der Bodhisattva des Mitgefühls."

Der Kaiser rief verzweifelt: „Ich will gleich Leute ausschicken, um ihn zurückzuholen.

Der Berater hielt ihn jedoch davon ab: „Ihr könnt schicken, wen ihr wollt, Bodhisattva Avalokiteshvara wird nicht zurückkommen. Mitgefühl ist der Augenblick und der kann nicht zurückgeholt werden."

Ein Augenblick ist jetzt. Wir können die Zeit nicht zurückdrehen. Es gibt nur den Augenblick, und jeder Augenblick ist Avalokiteshvara, ein Bodhisattva, ein ‚Erleuchtungswesen', ein Buddhist auf dem Weg der Erleuchtung. Die wirkliche Zeit ist das Jetzt, das momentane Dasein. In ihm wird alles sichtbar. Vergangenheit und Zukunft existieren in unserem

Denken. So ist es auch nicht möglich, einem Augenblick hinterher zu jagen. Nur im Jetzt ist das Leben zu leben. Seng-ts'an spricht von äußeren Erscheinungen, denen wir nicht hinterherjagen sollen, und meint damit nicht das Geplänkel der Welt im Gegensatz zu einem Inneren, Tieferen, Gehaltvolleren. Es gibt nichts in mir, das edler ist als alles, was es in der ‚schnöden' Welt da draußen gibt. Das Außen ist das Innen. Was mir im Außen erscheint, ist das Spiegelbild meines Selbst. Doch dies ist nicht mein isoliertes, individuelles Ich. Das Selbst ist das Ganze, es ist der eine Geist, wie Huang Po, der wie Meister Linji ein Wegbereiter des Rinzai-Zen ist, es nennt. Dieser eine Geist spiegelt sich in allen Phänomenen wie der Mond in allen Wassern. Auch unser individueller Geist ist eine Spiegelung des einen Geistes. Wie die Wellen das Meer widerspiegeln, so spiegelt sich in uns das ganze Universum. Alle äußeren Erscheinungen sind Spiegelungen des Einen. Wie könnte ich etwas ablehnen oder bevorzugen? Jede Ablehnung oder Vorliebe ist ebenso Spiegelungen des Einen.

> Es gibt eine schöne Geschichte von Mullah Nasrudin, der eines Tages einen Weg entlang ging und am Wegesrand etwas glitzern sah. Er hob es auf, es war ein Stück Spiegel. Er schaute hinein, erschrak und rief aus: „Kein Wunder, dass die Leute das weggeworfen haben."

Taucht Neid auf, ist dieser erst einmal nicht mein Neid, sondern der Geist zeigt sich als Neid. Identifiziere ich mich mit diesem, erlebe ich mich neidisch. Es liegt an der *Identifikation* mit den Erscheinungen und nicht an den Phänomenen. Neid taucht auf, Gier taucht auf, Stolz taucht auf. Die Geistesgifte sind wie Wolken am Himmel, sie ziehen vorbei, sobald ich mich nicht mit ihnen identifiziere. Jede Ablehnung oder Vorliebe der Erscheinungen jedoch lässt mich als diese erleben oder sogar sein. Im Stolz erscheint das Eine genauso wie in der Demut. Gebe ich dem ein Ich, wird sowohl das eine wie das andere zu meinem.

„Jage nicht äußeren Erscheinungen nach", sagt Seng-t'san, das heißt: Suche nicht im Außen, was dir gefallen bzw. missfallen könnte. Linji greift dies ebenfalls auf und ruft seinen Schülern, die ihn nach dem Weg fragten, zu: „Schaut! Schaut!" Schaut mit offenen Augen ohne Vorbehalt eines „gefällt mir" oder „gefällt mir nicht". Wir alle haben Schleier auf den Augen. Sie zurückzuschieben und wie durch offene Fenster das Leben zu betrachten, ist der Weg.

Es könnte der Eindruck entstehen, falls wir nur schauen, wären wir passiv und nichts berühre uns. Wir wären dann nur Betrachterinnen und Betrachter des Lebens. Jede Lebendigkeit wäre damit verschwunden. Das ist jedoch ein falscher Schluss. Das Schauen selbst eröffnet uns erst die unendlichen Weiten des Lebens, das reine Schauen grenzt das Leben nicht ein auf unsere Vorstellungen, die mit unseren Emotionen behaftet sind.

Im Nur-Schauen erweist sich alles leer. Leer ist ein unglaublich schwieriges Wort. Leer ist kein Loch, es bedeutet nicht ‚hohl'. Damit wird vielmehr ein Erleben beschrieben, das die wechselseitige Abhängigkeit allen Seins ausdrücken möchte. Diese Bedingtheit ist ein Fließen und hat damit keine Substanz. Wir haben für dieses Erleben leider keinen treffenden Begriff, der dieses bewegte Sosein wirklich erfassen könnte. Leer heißt daher nicht, dass es da nichts gibt. ‚Leer' will aufzeigen, dass alles im Fließen ist, nichts für sich existiert, sondern alles miteinander vernetzt und somit auch unentwegt in Bewegung ist. Nichts ist wirklich festzuhalten, nichts hat Substanz. Dass alle Dinge leer sind, erleben wir leider nur selten bewusst. Wir machen uns von jeder Erscheinung sofort ein Bild und schreiben ihr damit Beständigkeit zu. In unseren Bildern geben wir den Dingen Substanz. Lassen wir die Bilder jedoch los, erschließt sich uns die reale Wirklichkeit, die leer ist. Zen ist die Praxis, in diese Leere einzutauchen.

Unser individueller Geist ist eine Spiegelung des einen Geistes.

Wenn das Ich aufhört, etwas zu wollen

Einatem, Ausatem. Der eine Geist vollzieht sich in jedem Atemzug. Es wäre eine Täuschung, dies als meinen Atem zu bezeichnen, es ist ein kosmisches Geschehen. Nicht ich atme, ich bezeichne es nur als meinen Atem, doch es ist dieses Geschehen von Ein und Aus. Stört kein Gedanke diese Bewegung, macht sich Stille breit. Obwohl sich alles ständig bewegt, ist die Bewegung still. Im Mitgehen dieses Schwingens von Ein und Aus ist die Gegensätzlichkeit dieser beiden Pole aufgehoben.

Beim Atem ist es einfach zu erleben, bei ihm ist es ein Leichtes, weder abzulehnen noch zu bevorzugen. Würden wir am Einatem festhalten oder uns an den Ausatem klammern, würden wir sterben. Wir lassen selbstverständlich beide Pole gleichberechtigt zu.

Doch es gibt unendliche viele Dinge in unserem Leben, bei denen der eine Pol alle Widerstände in uns hervorruft. Von Stille ist jetzt keine Spur. Wir sind aufgewühlt, alles schreit danach, diesen Pol radikal abzulehnen und sich für die friedvolle Seite zu entscheiden.

„Bleibe gelassen im Einen", sagt Seng-ts'an. Halte dich nicht an den Erscheinungen fest. Sie fließen, sie sind in unentwegter Bewegung. Spüre, wie alles von einem Pol zum anderen schwingt. Aus Angst jedoch klammern wir uns an einen Pol, der uns gut zu tun scheint, und setzen alles daran, den anderen auszuklammern.

Doch es gibt keinen Pol ohne den anderen. Wir können nicht eine Seite ausschließen. Halten wir an einem Pol fest, was nur in Gedanken möglich ist, würden wir das Schwingen des Lebens anhalten, und der andere Pol drängte sich ungehindert nach vorne. Wir leiden, denn das Leben reißt uns mit, es lebt sich immer in diesem Schwingen. Obwohl dies so sonnenklar ist, kreiert unser Kopf mit seinen Vorstellungen eine feste Welt, die er für real hält.

Buddha lehrt, dass es um das Erkennen der Wirklichkeit geht und nicht darum, uns oder sie zu verändern. Täuschen wir uns, holt uns die Wirklichkeit ein, wir leiden, da das Leben uns aus unserem notdürftig gebauten Nest wirft. „Bleibe gelassen im Einen und alle Verwirrung verschwindet von selbst", sagt Seng-ts'an. Die Lösungen ergeben sich im Mitschwingen des Lebens, nichts kann es anhalten.

„Bleibe gelassen im Einen" heißt nicht: Ich sitze da und tue, als gingen mich die Turbulenzen des Lebens nichts an. Es heißt auch nicht: Ich ziehe mich zurück in irgendeinen Elfenbeinturm. „Bleibe gelassen im Einen" heißt: jeden Pol, der der Vollzug des Einen ist, mit ganzer Hingabe zu leben. Verlangt der Pol höchste Anstrengung, ist dies ebenso das Eine wie sich nicht zu verausgaben. Die Unruhe kommt dadurch, dass wir uns gegen einen Pol sträuben. Ruhe und Tätigsein sind zwei Aspekte des Einen, und das eine gibt es nicht ohne das andere. Gelassen zu sein bedeutet, die Pole nicht gegeneinander auszuspielen.

Beobachten wir Kleinkinder, werden wir erleben, dass sie immer tätig sind. Sie fühlen sich am wohlsten, wenn sie den ganzen Tag ‚arbeiten' können, und strengen sich bei vielem ganz natürlich an. Wir Erwachsene sind diesem spielerischen Tätigsein entwachsen. Wir stöhnen unter unserer Arbeit und sehnen uns nach Entspannung, oder wir müssen ständig beschäftigt sein, um daraus Anerkennung zu schöpfen. Bei beiden Formen ist das Tätigsein nicht frei von einem Um-Zu. Einmal will man die Arbeit hinter sich bringen, um endlich Ruhe zu haben, und das andere Mal sucht man nach Bestätigung.

Damit wird die Arbeit zu einer Ich-Aktivität und nicht verstanden als der Vollzug des Einen, der zwischen Tätigsein und Ruhe hin und her schwingt.

Erleuchtet auf dem Sofa sitzen

Es gibt eine schöne Geschichte aus der Koan-Sammlung *Hekiganroku,* in der die Nonne namens Tetsuma zu Meister Isan kommt. Meister Isan begrüßt sie – für unsere Verhältnisse nicht sehr freundlich – mit: „Na, du alte Kuh, bist du wieder da?" Tetsuma lässt sich von dieser Begrüßung nicht irritieren, sondern fragt ganz ungeniert: „600 km entfernt findet morgen das Erleuchtungsfest statt. Gehst du hin?" Durch die Blume gibt sie dem Meister zu verstehen: Du bist noch nicht erleuchtet und hast es nötig, auf das Erleuchtungsfest zu gehen, um endlich erleuchtet zu werden. Daraufhin demonstriert Isan in wunderbarer Weise seine Erleuchtung. Er räkelt sich auf dem Diwan. Erleuchtet zu sein, heißt in diesem Moment, auf dem Sofa zu liegen und sich zu räkeln, ganz bewusst.

Es geht nicht darum, ständig tätig zu sein und wie in einem Hamsterrad zu kreisen. Isan räkelt sich bewusst auf dem Sofa. Erleuchtung ist, den Augenblick zu leben, und der Augenblick ist jetzt: Jetzt sitze ich auf dem Sofa.

Der Augenblick bestimmt, was zu tun ist oder was gelebt werden möchte. Damit ist Tätigsein nichts anderes als Ruhe und Ruhe nichts anderes als Tätigsein. Ruhe ist gegeben, sobald jegliches Um-Zu weg ist und keine Absichten vorhanden sind. Ruhe ich und denke ständig, dass ich eigentlich etwas tun müsste, ist meine Ruhe dahin. In dem Moment, in dem die Gedanken still sind, sowohl beim Tätigsein als auch in der Ruhe, und nichts anderes ersehnt wird als das, was gerade ist, ist Ruhe da, obwohl vielleicht von außen gesehen alles unruhig erscheint. Ruhe hängt weder am Tätigsein noch am Ruhen. Das beste Beispiel dafür ist Zazen. Wir sitzen still, doch in unserem Kopf geht es hin und her. Das Gehirn feuert einen Gedanken nach dem anderen, unser von außen her gesehen ruhiges Sitzen ist voller Unruhe. Sind wir mit unserer Konzentration bei einer Tätigkeit ganz dabei, ohne einen Hauch von widerstreitenden Gedanken, strahlt dieses Tun nicht nur nach außen Ruhe aus, sondern beruhigt uns selbst. Tätigsein und Ruhe sind keine Gegensätze, im Augenblick übersteige ich sie, und Stille macht sich breit.

Aus dem Taoismus kommt der Begriff ‚Wuwei', der in das Zen eingeflossen ist. Mit ‚Wuwei' ist Handeln im Nicht-Handeln gemeint. Hier wird das Entscheidende zum Ausdruck gebracht, das die Gegensätze von Ruhe und Tätigsein übersteigt, kein Ich arbeitet. Das Arbeiten ist der Vollzug des Einen. Setzt sich jedoch der Ich-Gedanke darauf und arbeiten wird zum „Ich arbeite", gerät die Arbeit sogleich in Gegensatz zur Ruhe und damit in die Zerrissenheit.

Im Zen werden Putzen, Kochen, Gartenarbeit und alle anderen handwerklichen Arbeiten als wichtige Übungen angesehen. In ihrem Vollzug sollen wir erleben, wie sich die Arbeit verrichtet und kein Ich arbeitet. Das ist kein Zauberwerk. Jeder erfährt dies ansatzweise in seinem Alltag. Es gibt Tage, da geht einem alles leicht von der Hand, dann aber gibt es Tage, an denen überhaupt nichts funktioniert. Darin sind leicht Spuren zu erkennen, wo sich ein Um-Zu eingeschlichen hat. Dass Ruhe als Tätigsein und Tätigsein als Ruhe erlebt wird, liegt an der Absichtslosigkeit, mit der Arbeit geschieht. In dem Moment hat sich unser Ich zurückgezogen. Ruhe ist keine Trägheit, sondern höchste Aktivität. Ruhe ist ganz bewusstes Dasein. Zazen ist nicht träges Herumsitzen, sondern höchste Aktivität. Im Zazen bin ich ganz wach und erlebe bewusst, wie das Leben sich in mir vollzieht: als Atmen, als Denken, als Fühlen, als Handeln. Ich mache nichts und doch geschieht alles. Alles wird sich seiner selbst bewusst.

Daher, sagte Seng-ts'an, wenn du in der Zweiheit verstrickt bleibst, wirst du ins Eine nie vordringen. Du wirst nicht einmal in der Zweiheit daheim sein, diese wandelt sich unentwegt. Bin ich tätig oder nicht tätig? Weder noch. Wenn es in meinem Kopf still ist und sich kein Gedanke regt, angestoßen von einem Ich, das etwas will, ist Stille gegeben, auch wenn es laut ist. Wir können nicht in der Einheit mit allem dadurch sein, dass wir die Zweiheit auflösen wollen.

Leben wir den Augenblick, sind wir in jedem Pol zu Hause und es gibt keinen Gegensatz mehr. Gibt es keine Vorstellung, sind die Dinge, wie sie sind.

Kraft schöpfen im Zazen, dem Nur-Sitzen

Stehen wir auf einer Brücke und schauen ins Wasser, ohne dass wir uns an einem festen Punkt am Ufer mit den Augen verankern, werden wir nach kurzer Zeit erleben, dass die Brücke fließt, obwohl sie steht. Die Erde dreht sich schnell, und doch erleben wir, dass wir ganz stillstehen. Wir fahren im Auto, und der Wald rauscht an uns vorbei. Steht der Zug, in dem wir sitzen, und ein anderer Zug fährt vorbei, und wir haben keinen Punkt, an dem wir uns mit den Augen festhalten, haben wir den sehr lebendigen Eindruck zu fahren, obwohl wir stehen. Im unmittelbaren Erleben ist die Dualität überstiegen.

Eine Münze hat zwei Seiten. Auch wenn wir nur eine Seite sehen, drückt sich in dieser Seite die ganze Münze aus, und gleichzeitig ist immer auch das Gegenbild gegeben. Eine Tür hat einen Eingang und einen Ausgang. Einmal erleben wir sie als Eingang und das andere Mal als Ausgang und doch immer als die eine Tür. In allem, was wir sehen, erleben das Ganze, obwohl wir im Moment nur die eine Seite erkennen.

Somit ist jeder Augenblick das ganze Leben. Jeder Moment ist existenziell. Nichts ist beliebig, nichts kann vernachlässigt werden. Das Ganze ist unsere Wurzel, aus der wir Kraft ziehen.

Ohne Wurzel gibt es kein Leben

Seng-t'san nimmt für seine Ausführungen ein Bild aus der Natur, die er als ein Spiegelbild unseres Selbst versteht. Aus der Wurzel kommt für alle Pflanzen die Kraft, aus der heraus sie überhaupt leben können. Wird die Wurzel zerstört, geht jede Pflanze ein. Das überträgt Seng-ts'an auf uns Menschen. Ohne Wurzel verwelken wir. Unsere Wurzel ist unser wahres Wesen, unsere wahre Natur, das Leben selbst. Diese unsere Wurzel will von uns bewusst erfasst werden. Unsere Wurzel liegt nicht nur unter unseren Füßen. Sie ist in all unseren Zellen. In dem Moment, in dem wir uns unserer Wurzel bewusst werden, erkennen wir unser wahres Wesen, wir erleben, dass in allem das Eine sich vollzieht und jeder Moment die Wahrheit offenbart. Zazen ist die Übung, dieses Sosein bewusst zu erleben. Im Herbst ziehen sich die Wachstumskräfte in die Wurzeln zurück, sie sammeln sich und schöpfen neue Kraft bis zum Frühling, in dem die Kraft und der Saft wieder nach oben treiben.

Gibt es keine Vorstellung, sind die Dinge, wie sie sind.

Zazen ist wie der Winter bei den Pflanzen. Das Nur-Sitzen ist wie ein Rückzug, in dem alle Kraft sich neu sammelt. Wir spüren unsere Wurzel, die sich als Atem zeigt, als Pulsieren und vieles mehr. Wir sind der Atem, wir sind das Pulsieren, wir sind der Körper, wir sind das sich ständig verändernde Leben. Das ist die Wirklichkeit in seiner ganzen Komplexität und seinen Wechselbeziehungen.

Meister Linji bringt dies wunderbar auf den Punkt, wenn er sagt: „Das Übersinnliche, das Übernatürliche ist: Am Morgen mache ich die Augen auf, und am Abend mache ich sie zu.“ Es geht nicht darum, hinter oder über den Dingen etwas zu suchen, das Übernatürliche ist das Natürliche.

Im Zen geht es daher nicht darum, Übersinnliches zu erfahren, sondern das Faktum, wie es gerade ist, ganz konkret zu leben, das zu leben, was ist, und sich nicht irgendetwas vorzustellen und zu glauben, das sei die Wahrheit. Es stimmt: Ein Gefühl, ein Gedanke, das Faktum, das alles sind Wahrheiten, aber nur in dem Moment ihres Erscheinens. So ist beispielsweise der Gedanke: „Ich bin der Größte“ in diesem Moment ein wirklicher Gedanke. Wenn ich ihn nicht festhalte, ist er sofort wieder weg. Auch ein Gedanke ist eine Erscheinung, der in dem Moment, in dem er erscheint, wirklich ist; auch wenn er falsch ist, ist er in diesem Moment wirklich. Linji bringt das ausgesprochen deutlich zum Ausdruck: „Am Abend mache ich die Augen zu, am Morgen öffne ich sie.“ Dem ist nichts hinzuzufügen, es ist so, wie es ist, und das macht Zen so lebendig. Dies klingt sehr einfach und wäre auch einfach, doch unsere Sehnsucht ist, das Besondere zu erleben oder zu sein. Wir suchen das Außergewöhnliche und, noch besser, das Übersinnliche. So wird oftmals von gefühlten oder gedachten Wahrheiten gesprochen. Hier wird das Faktum, das Körperliche ausgeschlossen. Halten wir einen Gedanken oder ein Gefühl fest, kreieren wir eine Welt, die mit der Wirklichkeit unentwegt in Konflikt gerät.

Wir fragen uns natürlich, was sollen wir tun? Alles ist vergänglich, alles sind Erscheinungen? Wie sollen wir uns an ihnen orientieren? Seng-ts'an sagt: „Halte dich an die Wurzel." Unsere wahre Natur ist die Wurzel, aus ihr sprießt alles. Alle Phänomene sind Ausdruck dieser Wurzel. Wie ein Fluss immer derselbe ist und in keiner Sekunde der gleiche, so ist auch das Leben immer das Eine, aber in keiner Sekunde das gleiche. Zur Wurzel zurückzukehren heißt, in den Fluss einzutreten und in allen Wellen den Fluss zu erkennen. Alles ist das eine Leben, auch wenn es sich unentwegt anders zeigt. Es gibt ein schönes Wort im Deutschen: Verwandlung. Das Leben wandelt sich unentwegt, und unsere Aufgabe ist es, diesen Wandel nicht nur wahrzunehmen, sondern selbst zu leben:

> Als Linji zu Huang Po sagte: „Ich gehe dorthin, wohin mich der Nordwind treibt, und ich gehe nach Süden, wenn der Südwind mich dorthin mitnimmt", lobt ihn Huang Po.

Auch wenn wir mit der Verwandlung unentwegt mitgehen, bedeutet das nicht, wie ein Fähnchen im Wind zu sein. Ein Fähnchen im Wind zu sein, heißt, sich immer nach seinen Vorteilen auszurichten. Sich an die Wurzel zu halten, ist, sich an das Leben zu halten, das wir dann als Offenheit, Freiheit, Friede und ein tiefes Verstehen erfahren. Diese tiefen Empfindungen, die nicht von einem Objekt abhängig sind, sondern in mir immer gegeben sind, da sie ja mein ureigenstes Wesen sind, sind das Kriterium, ob wir mit dem Fluss gehen oder an etwas festhalten. Festhalten oder Ablehnen bringt Hass, Wut, Gier, Stolz, Trägheit oder Unzufriedenheit hervor. Das Mitfließen lässt das Leben nie los, wie die Wellen stets den Fluss in sich tragen. Dieser trägt alles gleichzeitig in sich mit. So erlebe ich in einer Wolldecke das Schaf, die Wolle, das Gras, die Sonne, das Wasser, alle Elemente des Lebens. Der Augenblick hat kein Hintereinander, er kennt keine Zeit. Der Augenblick ist alles. Dies zu erleben, erfüllt einen mit so großer Ehrfurcht, dass der behutsame Umgang mit der Decke wie selbstverständlich daraus hervorgeht.

Thich Nhat Hanh sprach vom ‚Intersein'. Jedes ist alles. In einem kleinen Rosenblatt ist das ganze Universum. Dies nicht nur zu denken, sondern zu erleben, darum geht es. Denke ich es, ist Ehrfurcht ein moralisches Gebot. Erlebe ich es, ist das Erleben Ehrfurcht. Alles verändert sich, und die Beständigkeit ist die unentwegte Verwandlung, wir sind die unentwegte Verwandlung.

Alles ist das eine Leben, auch wenn es sich unentwegt anders zeigt.

Die Wirklichkeit erleben

Vertrauensvoll im Wechselspiel des Lebens

Immer wieder taucht bei Seng-ts'an das Bild des Weges auf. Dieser Weg ist keine Strecke, sondern der Weg liegt unter meinen Füßen und ist das Hier und Jetzt. Er ist auch keine Vorstellung. Der Weg zeigt sich immer ganz konkret in einer Form, sei es als Denken, Fühlen, Wahrnehmen, Wollen oder physisch. Jede Form erscheint uns dann als substanziell, wenn wir uns von ihr ein Bild gemacht haben. Doch das ist die große Illusion. Nichts ist fest, alles ist in Bewegung. Könnten wir Atome sehen, bestünde daran kein Zweifel. Huang Po sagt, dass alle Formen der Ausdruck des einen Geistes sind. Auch das scheinbar Feste ist eine Erscheinung des Geistes. Der Geist ist das Konstante, er ist das Bleibende, doch ist er unentwegt bewegt. Will ich den Geist in allem erkennen, muss ich mich auf jede Form ganz und gar einlassen und mit ihr eins werden. Die Form ist nicht nur eine äußere Hülle, in der oder hinter der das Geistige steht. Jede Form ist das Geistige, und das Geistige ist die Form oder, wie es im Herz-Sutra, einem der wichtigsten Texte des Zen, heißt: „Form ist Leere. Leere wirklich Form." Oder wie es in dieser Geschichte über einen Rabbi überliefert ist:

> Ein Besucher sah einst mit Erstaunen, dass der Rabbi in einem Zimmer mit nur einem Tisch, einem Stuhl, einem Bett und ein paar wenigen

> Büchern lebte. „Rabbi, wo sind Ihre Möbel?“, fragte der Besucher. „Wo sind Ihre?“, erwiderte der Rabbi. „Ich bin nur zu Besuch hier. Ich bin auf der Durchreise“, entgegnete der Besucher. „Genau wie ich“, sagte der Rabbi.

Im Zen reisen wir nicht durch die Welt und kommen irgendwann einmal im Jenseits oder im wirklichen Leben an. Im Zen ist jeder Moment das wirkliche Leben. Es gibt nichts Vorläufiges, etwas, das hinter sich gebracht wird, um zum Eigentlichen zu kommen. Das Diesseits ist das Jenseits, und das Jenseits ist das Diesseits.

Warum streben wir eigentlich immer nach etwas anderem oder nach mehr? Es liegt an unserem bewertenden Geist, der unentwegt vergleicht. Im Vergleich tun sich immer Seiten des Lebens auf, die uns angenehmer erscheinen. Wir wollen selbstverständlich das Bessere, und so halten wir Ausschau nach besseren Zeiten bis hin zum Jenseits. Das Leid, dem der Mensch in seinem Leben oft ausgesetzt ist, macht es verständlich, dass er aus dem Hier und Jetzt fliehen möchte und nach einem anderen Leben strebt. Doch genau darin liegt die Schwierigkeit. Solange wir den Eindruck haben, dass das, was jetzt ist, noch nicht alles ist und es sicherlich noch etwas Besseres geben müsste, können wir das Diesseits nicht in seiner Ganzheit erkennen und sehnen uns in der Vorstellung nach einem Jenseits, in dem alle Defizite aufgehoben wären.

In jedem Hier und Jetzt ist jedoch bereits alles erfüllt.

Auch das Denken unterliegt der Ich-Struktur

Schauen wir zum Beispiel auf die Zen-Künste, wie Kado, das Blumen-Arrangieren, oder Chado, den Weg des Tees, oder Kyudo, den Weg des Bogenschießens, und all die anderen Künste, so wollen sie nicht so verstanden werden, dass man, wie wir es im Westen oft praktizieren, Kurse macht, um ein Zertifikat zu bekommen. Das ist nicht der Sinn dieser Künste. In diesen Künsten üben sich die Menschen, ganz im Tun dieses Hier und Jetzt zu sein mit all seinem Scheitern und Nicht-Gelingen und gerade darin das Tao (die Wahrheit) zu erleben. Da sich in jedem Moment die Ganzheit eröffnet, erfüllt sich im Jetzt der Weg, auch im Unvollkommenen. Mein Ich muss sich aufgeben mit seinem Wollen und seinen Vorstellungen und sich ganz dem Augenblick des Tuns hingeben.

Als Buddha seine große Erfahrung hatte, sagte er: „Ich und das ganze Universum sind eins." Damit meinte er nicht, er als isoliertes Ich sei der Größte und Einzige. Buddha hat sich eins mit dem ganzen Universum erfahren. Er erkannte: Es gibt kein gesondertes Ich, es gibt nur dieses große Ganze.

Das Ich als Struktur des Denkens ist eine Erscheinung des Ganzen. Es ist keine eigenständige Entität, die allem gegenübersteht und es daher von oben herab bewerten, beurteilen und kommentieren könnte.

Wir können das Ich nicht einfach wegdenken. Diese Ich-Struktur gehört zum Menschen, und je mehr wir es weghaben wollen, desto größer wird es. Das Entscheidende ist, diese Geistesstruktur zu erkennen und ihr keine Macht durch neue Gedanken zu geben. Das Ich ist keine feste Instanz, es hat, wie alles Sein, keine Substanz. Es erscheint nur fest, wenn wir den Ich-Gedanken festhalten und weiterdenken. Das Ich kann sich nicht verstecken. Es nörgelt unentwegt, alles, was ist, passt nicht, alles sollte besser sein oder, falls es doch passt, jagt es uns Angst ein, dass dieser passende Moment aufhören könnte.

Vertrauen schenkt uns wie von selbst inneren Frieden.

Wie Veränderung wirklich geschieht

Es gibt im Leben immer wieder Situationen, die nach Veränderung rufen. Lebensumstände sind an ihr Ende gekommen. Ist die Zeit reif für den Wandel, bekommen wir Impulse von innen und außen. Diese drücken sich jedoch nicht im Nörgeln aus, sondern sie sind inspirierend, machen uns Mut, lassen uns zu neuen Ufern aufbrechen, und bei ihrer Realisierung fügt sich eins nach dem anderen, wie es in vielen Legenden und Geschichten beschrieben wird, so wie in dieser:

> In einer kleinen Stadt lebten einst zwei Bettler. Der eine war blind, der andere lahm. Sie taten sich zusammen und gaben ein bejammernswertes Bild ab. Der Lahme saß auf den Schultern des Blinden und wies ihm den Weg. Ihr Anblick rief bei vielen Mitleid hervor, und die beiden erhielten

viele Almosen. Einmal im Jahr fand in der Stadt, in der sie lebten, eine Prozession statt, bei der die Monstranz vorweg getragen wurde. Es ging die Kunde, dass, wer die Monstranz als Erster an diesem Tag sieht, auf ein Wunder hoffen kann. Die beiden Bettler berieten sich und kamen überein, dass sie dieser Monstranz nicht begegnen wollten. Sie gingen bewusst Umwege, nahmen Seitenstraßen und nicht die Hauptstraße, um der Prozession ja nicht zu begegnen. Wie es das Leben jedoch wollte, standen sie plötzlich vor der Monstranz. Das Wunder geschah, der Lahme konnte wieder gehen und der Blinde wieder sehen.

Diese Geschichte zeigt: Unser Ich kann sich vornehmen, was es will, das Leben vollzieht sich im Wechselspiel der Gegensätze. Dies zu verinnerlichen, gibt tiefes Vertrauen in das Leben.

Dieses tiefe Vertrauen will uns Seng-tsan gleichsam eintrichtern, das Vertrauen, dass sich das Leben den Umständen gemäß in dem Moment erfüllt, in dem ich jegliches Wollen und alle Absichten fallen lassen kann. Dieses Vertrauen schenkt uns wie von selbst inneren Frieden.

Gehe ich jedoch davon aus, dass ich alles machen, dass ich das Leben meistern, ich alles in der Hand haben muss, ich die Verantwortung für alles habe, werde ich eine Überbelastung erleben, unter der ich zusammenbreche. Diese Haltung trägt zu dem heute so verbreiteten Burn-out bei.

Entfaltet sich jedoch das Vertrauen, dass sich ohne Absichten und ohne etwas zu wollen alles erfüllt, erlebe ich das Leben weit. Nichts ist schwierig. Jede engherzige Ansicht jedoch führt zu Besorgnis.

Wenn sich das Leben in Ruhe entfalten darf

Dem Herzen schreibt Zen eine zentrale Rolle zu. Im Herzen sitzt die Weisheit. Sie ist nicht zu benennen oder zu beschreiben, sie entfaltet sich, sobald Vorlieben und Abneigungen wegfallen. Tiefes Vertrauen in das Leben tut sich auf. Angst jedoch geht mit Sorgen einher und macht uns eng. Wer kennt dies nicht? Wir haben Angst, dies oder jenes könnte passieren, dies oder jenes gleitet uns aus der Hand. Angst schnürt uns zu und damit auch unsere Ansichten. Die engherzige Ansicht ist eine Haltung des Ichs, das am liebsten die ganze Welt bestimmen möchte, und wir sehen, wie bereits unsere Eltern, unsere Vorfahren, die ganze Menschheit diese Haltung in ihrem harten Leben aufbauten. Angst steckt in unseren Knochen. Können wir dieser Haltung entrinnen und weitsichtig werden? Auch wenn Angst zu uns gehört, kann sich diese Enge sogleich zur Weite verwandeln, sobald wir den Angstgedanken als Gedanken erkennen und ihm keine Substanz geben. Sobald wir der Gedanke nicht mehr sind, verändert sich unsere Haltung. Staunen und Offenheit nehmen uns ein, und wir werden erleben, wie Linji sagt, dass alles sich angemessen entfaltet.

Seng-t'san nennt dies angemessen und natürlich.

Das Natürliche ist frei von Absichten oder falschen Vorstellungen. Es ist das Tao, das sich erfüllt, die Blumen stellen sich, der Pfeil trifft sein Ziel.

Jeder Angstgedanke hingegen lässt uns verkrampfen. Trotzdem ist die Verkrampfung ebenso wichtig wie das Sich-Öffnen. Enge macht uns bewusst, woran wir festhalten, dass unser Wollen dem Augenblick des Lebens nicht entspricht, da es umso weniger eintritt, je mehr wir etwas wollen. Das Gefühl zum Beispiel, alles müsse schneller gehen, führt dazu, dass wir erleben, wie sich alles querstellt. Jede Ampel steht auf Rot. Ausgerechnet meine Schlange vor der Kasse ist die längste. Je mehr wir eilen, desto länger brauchen wir. So ist das Leben. Weil es das eine gibt, gibt es auch das andere, wenn es Schnelligkeit gibt, gibt es gleichzeitig auch Langsamkeit. Wir können nicht nur nach dem Schnellen streben, das Langsame geht mit einher. Jede Hetze trägt das Bremsen in sich, jede Eile die Verlangsamung. Dies können wir in Partnerschaften gut erleben. Macht der eine alles sehr schnell, trödelt der andere und wird immer langsamer. Es geht nicht anders. Das eine gibt es nicht ohne das andere.

Daher geht es darum, aus dem Wollen und aus der Ablehnung auszusteigen.

Alles hat seine Zeit. Sobald etwas in Erscheinung tritt, hat diese Form ihre Zeit. In Erscheinung zu treten heißt, in Raum und Zeit einzutreten. Eine Erscheinung kann nicht schneller erscheinen, als sie ist, jedes Ding hat seine Zeit.

Essen wir zum Beispiel, hat das Essen seine Zeit. Denken wir dabei an dies und jenes, brauchen wir viel länger, da die Gedanken dazukommen. Wir können natürlich alles schnell in uns hineinstopfen, doch dann bekommen wir Magenprobleme. Wir sollten den Dingen auf den Grund gehen, welche Zeit sie als Erscheinung in sich tragen, und sie auch darin voll leben.

Heute heißt es: Zeit ist Geld. Und da Geld sehr wichtig ist, wollen wir Zeit sparen, und alles drängt danach, noch schneller zu werden, als die Erscheinung es eigentlich bräuchte. So hilft man dem Obst beim Reifen nach. Wir haben keine Zeit, so lange darauf zu warten, bis es von allein reift, mit dem Effekt, dass der Geschmack und der Geruch verschwinden. Man kann alles schneller machen, aber es bleibt immer etwas auf der Strecke.

> Ein Bauer hatte einmal gehört, dass man dem Reifen des Reises nachhelfen könne. So ging er tagsüber immer wieder hinaus aufs Feld, um an den Reispflänzchen zu ziehen, damit sie schneller wüchsen. Nach einem Tag waren jedoch alle Reispflanzen eingegangen und lagen vertrocknet am Boden.

Sogar bei den Kindern fördern wir die Akzeleration. Sie sollen früh sprechen lernen, schnell lesen, schnell mit dem Computer umgehen, es soll alles schnell gehen. Lassen wir jedoch den Kindern nicht ihren Reifeprozess, können sie vielleicht intellektuell sehr weit kommen, aber die seelische Entwicklung hinkt hinterher. Auch sie braucht ihre Zeit. Der Geschmack oder auch der Geruch, die sich ebenso entwickeln müssen wie beim Apfel, fällt weg.

Anscheinend gehört es zum Menschsein dazu, dass er immer glaubt, keine Zeit zu haben und sich beeilen zu müssen. Zeit ist eine Dimension, die mit dem Denken einhergeht. Wir haben alle Zeit der Welt in dem Moment, in dem wir uns einlassen auf das, was gerade geschieht, und nicht schon an etwas anderes denken. Haben wir die Vorstellung, dass alles schneller gehen muss und besser, verfehlen wir das Maß und gehen in die Irre.

Wir planen und das Leben lebt sich

> Die Autorin des Buches *Im Herzen der Stille* beschreibt, wie aufgeregt sie war, als sie ihrem Meister beim Aufhängen von Plakaten helfen sollte. Der Meister sollte die Plakate zügig aufhängen können. Sie wollte auf keinen Fall schuld an einer Verzögerung sein. Deswegen klebte sie sich die Klebestreifen auf die Hand, um sie dem Meister gleich reichen zu können. Doch was geschah? Die Klebestreifen verhedderten sich ineinander und klebten nicht mehr.

Sie wollte für den Meister alles schnell und richtig machen, und schon ging alles daneben. Die Vorstellung: „Ich will es wunderbar machen" ließ sie scheitern. Auch hier kommt das Lebensprinzip zum Tragen. Gelingen und Nicht-Gelingen treten gemeinsam auf; sobald wir das Gelingen im Auge haben, wächst das Nicht-Gelingen. Die Pole sind nicht zu trennen. Das eine gibt es nur, weil das andere existiert.

Seng-t'san gibt uns die Lösung an die Hand: „Lass los und alles ist natürlich." Alles hat seine Zeit. Das Wachsen, das Blühen, das Verwelken. In diesen natürlichen Prozess einzutauchen, heißt, sich selbst als ebenso natürlich zu erfahren. Sobald alles Wollen abfällt, keine Absichten auftauchen, passt sich unsere Natur wunderbar an die Umstände an. Wir Menschen leben in dem irrigen Glauben, wir müssten unseren Vorstellungen und Absichten folgen, und dann würde unser Lebensplan sich erfüllen. Das stimmt nicht. Gerade die Absichten und Vorstellungen hindern uns daran, mit dem, was sich entfalten möchte, mitzugehen.

Wir sind alle mit der unendlichen Weisheit des Universums ausgestattet. Betrachten wir diese, zum Beispiel an der Konstellation der Sterne, ihrer Schönheit, ihrem Entstehen und Vergehen. Sie spiegeln die Größe und die Gesetzmäßigkeiten des Universums wider. Diese Weisheit findet sich überall. Auch das kleinste Teilchen dieser Welt birgt in sich diese Weisheit. Schauen wir nur auf die Natur. Wie überall, so lebt diese Weisheit auch in uns. Lassen wir alle Absichten los, erkennen wir sie, und sie tritt ganz natürlich auf. Natürlich ist der unentwegte Wandel. Gehen wir mit dem Wandel mit, halten wir nichts fest, leben wir die Weisheit und entsprechen den Umständen. Das ist gelebte Freiheit. Kein Standpunkt hält mich fest, auf den ich mich stützen könnte. Unser Standpunkt ist das Mitfließen mit dem Lebensstrom.

Wir sind darin kein Fähnchen im Wind, indem wir allen und jedem nach dem Mund reden und nur nach den Vorteilen Ausschau halten. Unser Vorteil ist die Freiheit des Augenblicks. Unser Weg ist der Augenblick. Alles entfaltet sich seiner Natur gemäß. Eine Rose ist eine Rose, ein Gänseblümchen ein Gänseblümchen, ein Moos ist ein Moos und ein Bambus ein Bambus. Das Moos kann kein Bambus sein und so schnell wachsen wie dieser und umgekehrt.

„Lass los und alles ist natürlich."

Die Bodhisattva-Gelübde

Ein Hund läuft jeder Hündin hinterher. So ist der Hund. Beim Menschen erwarten wir mehr Bewusstheit. Das heißt, wir gehen davon aus, dass das Menschsein sich nicht in der blinden Fortpflanzung erfüllt, sondern der Mensch sich seines Handelns bewusst ist. Das ist keine leere Erwartung. Wir haben als Menschen den Bodhisattva-Geist, den Geist des Wachseins, des Erkennens. Natürlich haben wir als Menschen eine physische Gestalt, wir kennen ein Wollen, ein Empfinden, ein Denken und ein Wahrnehmen. Unentwegt stehen diese Skandas, wie sie im Herz-Sutra genannt werden, in wechselseitiger Beziehung. Menschsein heißt jedoch, nicht der bloße Spielball dieser Dynamik zu sein, sondern sich dieser Dynamik bewusst zu werden. In diese Dynamik mit eingeschlossen ist unser Denken, das unterscheidet und ein Ich kreiert. Sind wir wach, erkennen wir, dass sogar dieses Ich nicht fest ist. Den

Bodhisattva-Geist zu leben, ist die Natur des Menschen, Mensch zu sein.

Es gibt im Buddhismus ‚Vier Große Gelübde'. Sie werden auch Bodhisattva-Gelübde genannt. Es sind Gelübde, die nicht aus unserem Ego heraus gesprochen werden, welches der Welt gegenübersteht, sondern es drückt sich der wache Bodhisattva-Geist, der alles als das Eine erleben lässt, in diesen Gelübden aus.

Das *erste Gelübde* zeigt auf, welch tiefes Bedürfnis in uns Menschen schlummert, alle Lebewesen mögen doch vom Leid befreit sein. Da wir eins sind mit allen, ist meine Befreiung die Befreiung aller Wesen.

Diese Sehnsucht wird im *vierten Gelübde* aufgenommen. Wir werden dazu aufgerufen zu erkennen, dass nichts Substanz hat und somit nichts dem Leid beständig unterworfen ist.

Das *zweite Gelübde* weist den Weg zu dieser Erkenntnis. Zahllos sind die Anhaftungen. Wir dürfen uns an nichts klammern, weder durch Vorliebe noch durch Abneigung, und dadurch niemandem und nichts eine Substanz geben.

Das *dritte Gelübde* spricht vom Tor, das wir durchschreiten sollen. Das Tor ist ein Bild für den Augenblick. Durch ein Tor zu schreiten, heißt, weder in der Vergangenheit zu verweilen noch nach der Zukunft zu streben. Es ist das Hier und Jetzt, das das Tor symbolisiert. Unsere Übung ist die, jeden Augenblick zu leben, jedes Hier und Jetzt bewusst zu erkennen.

Die ‚Vier Großen Gelübde' beschreiben, was es heißt, aus dem Bodhisattva-Geist zu leben. Er ist unsere wahre Natur, er lässt uns Mensch sein.

Leben wir gemäß dieser Natur, können wir gelassen und frei in der Welt wirken, sagt Seng-ts'an. Ein Sesshin, ein mehrtätiges Schweigeretreat, ist eine Übung, diesen Bodhisattva-Geist zu ‚entfalten'. Solch ein Rückzug aus dem Alltag hat eine enge Struktur. Da Enge und Freiheit gleichzeitig nebeneinander erscheinen, können wir erleben, wie sich in der Enge Freiheit auftut. Alles steht in wechselseitiger Abhängigkeit – bevorzuge ich das eine, wächst das, das ich ablehne, in gleichem Maße mit.

Einst erzählte mir eine Frau, dass sie eine sehr große Erbschaft gemacht habe. Stolz sagte sie: „Jetzt kann ich tun und lassen, was ich will. Ich brauche nicht mehr zu arbeiten, ich bin frei." Ich meinte daraufhin: „Gib acht, gib dir eine Struktur, nicht dass dein Leben in die Beliebigkeit abrutscht, die schnell in Sinnlosigkeit endet." Noch während ich das sagte, spürte ich, wie sie diese Empfehlung nicht hörte. Nach einem Dreivierteljahr kam sie wieder zu mir und klagte, sie sei schwermütig geworden. Ob sie morgens aufstehe oder nicht, es sei völlig egal, ob sie arbeite oder nicht, es sei beliebig. Dieses ‚egal' machte sie depressiv. Zu tun und zu lassen, was man will, ist nicht Freiheit, im Gegenteil, ich erlebe Enge.

Staunend die Welt entdecken

Es gibt eine schöne Geschichte von Hermann Hesse, in der er davon erzählt, wie einige Schüler ihrem Meister ganz begeistert berichteten:

> „Meister! Es ist wunderbar, auf dem Kopf zu stehen, man sieht die Welt mit ganz anderen Augen."
>
> Der Meister stellte sich sogleich auf den Kopf und rief aus: „Wahrlich, man sieht die Welt mit ganz anderen Augen. Das ist doch die wahre Haltung."
>
> Am nächsten Tag aber stellte er sich wieder auf die Füße und sagte: „Auf den Füßen zu stehen, schenkt mir auch eine schöne Sicht der Welt."
>
> Da empörten sich seine Schüler: „Wie kannst du heute das sagen und morgen etwas anderes, die Wahrheit kann nur eine sein."
>
> Da antwortet ihnen der Meister: „Die Wirklichkeit ist eine, aber Wahrheiten gibt es unendlich viele."

Die Wahrheit ist nicht statisch, ich kann sie weder besitzen noch bestimmen. Die Wahrheit ist dieser Augenblick. In diesem Augenblick erfahre ich die Wahrheit. Aber ich darf nicht meinen, jetzt die Wahrheit zu besitzen und für sie durchs Feuer gehen. Wahrheit ist dieser Moment, aber nicht fest. Ich darf daraus kein Konzept machen.

Im bewussten konzentrierten Da-Sein kann unmittelbares Erleben geschehen.

Was ist Nicht-Wissen?

Die Wahrheit wird auch als das Tao beschrieben, das sich im Hier und Jetzt offenbart. In diesem Jetzt ist alles den Umständen gemäß und ganz natürlich. Ereignet es sich, dass das Jetzt sich auftut, ist es jenseits von Worten. Formuliere ich Worte und beschreibe ich das, was ich erlebt habe, ist diese Beschreibung ein neues Jetzt.

Die Wahrheit zeigt sich unentwegt neu. In jedem Moment erlebe ich das wahre Leben und damit die Wirklichkeit. Wahrheiten sind nicht fest, sie sind Erscheinungen der einen Wirklichkeit. Nur mit meinen Gedanken kann ich sie festhalten und zu meiner Wirklichkeit werden lassen, doch diese lenken ab von der Wahrheit. Die Wirklichkeit zu erleben, darum geht es. Und dies wollte Meister Nansen seinem Schüler ans Herz legen:

> Meister Nansen erklärte seinem Schüler Joshu, dass er dazu das Nicht-Wissen bräuchte.
> Joshu verstand Nansens Worte nicht und fragte nach: „Woher weiß ich, was wahr ist, wenn ich nichts wissen soll?“
> Da klärte ihn Nansen auf: „Nicht-Wissen hat weder etwas zu tun mit Wissen noch mit Nicht-Wissen.“

Dieses ‚Nicht‘ ist hier keine Verneinung, wie wir sie normalerweise benutzen. Das ‚Nicht' ist in diesem Zusammenhang ein Übersteigen der Polarität von Wissen und Nicht-Wissen. Mit Nicht-Wissen meint Nansen Bewusstheit, die im Erleben möglich ist. Bewusstheit kann weder gewusst noch nicht gewusst, weder beschrieben noch nicht beschrieben werden. Sie ist reines Gewahrsein. Meistens sind wir unbewusst, sehen nur die gegensätzlichen Formen und sind damit in die Zweiheit von Wissen und Nicht-Wissen verstrickt. Unser Geist versucht die Lösungen innerhalb dieser Dualität zu finden. Unser Denken kommt nicht aus ihr heraus, und wir merken bald, dass sich das Problem, das wir lösen wollten, verschärft statt sich auflöst. Wir müssen ins unmittelbare bewusste Erleben kommen. Erleben können wir uns vom Kopf her nicht befehlen, Erleben bedarf des konzentrierten Tuns, in das ich mich ganz und gar hineinfallen lasse, sodass mein Ich und das Tun eins werden. Das verlangt, dass wir immer und immer wieder die Fokussierung üben müssen. Im bewussten konzentrierten Da-Sein kann unmittelbares Erleben geschehen.

Dass wir üben müssen, ist im Zen eine Selbstverständlichkeit. Unser Geist lehnt sich dagegen auf. Er macht uns weiß, dass wir Zen nur zu verstehen bräuchten, um es dann einfach umzusetzen. Doch wir Menschen lernen nicht, indem wir etwas erkennen und dann tun, sondern umgekehrt: Wir tun und durch unentwegtes Üben erkennen wir. Alles, was wir Menschen können wollen, müssen wir üben, und nicht einmal oder mehrmals, sondern immer und immer wieder. Zazen ist die Übung des bewussten Zulassens und bewussten Daseins. Alle Gedanken lenken davon ab, und wir erkennen die Wirklichkeit nur in ihrer Gegensätzlichkeit, nicht jedoch in ihrer Einheit. Um die Dualität zu übersteigen, die Einheit zu erleben, brauchen wir eine große Wachheit. Die Gedanken müssen ruhen, bzw. wir dürfen uns nicht in den Gedanken verlieren, die immer widersprüchlich sind und uns in die Zweiheit der Gegensätzlichkeit verstricken. Das ist nicht einfach und will geübt sein.

Wach zu sein, hängt auch von unserem Stoffwechsel ab. Unser Denken ist Stoffwechsel, das bedeutet, der Stoffwechsel beeinflusst meine Gedanken. Wenn ich Alkohol getrunken habe, denke ich anders, als wenn ich nüchtern bin. Es wird immer wieder betont: Wenn wir meditieren, sollten wir nichts Schweres essen. Schwere, fette, an Kohlenhydraten reiche Nahrung macht uns träge, sie verhindert, dass wir wach sind. Leichte Nahrung hingegen unterstützt uns, keinen dumpfen Geist beim Meditieren zu haben.

Aber nicht nur schweres Essen macht uns träge, auch viele materielle Dinge, die wir anhäufen, binden uns. Das merken wir deutlich, wenn wir beispielsweise in einem Raum meditieren, der vollgestopft ist mit vielen Dingen. Jedes Ding hat seine Wirkung, und wir stehen beständig mit allem in einer wechselseitigen Abhängigkeit.

Was uns das Außen lehrt

Ich möchte noch einmal auf ein Thema des *Shinjinmei* hinweisen, das in allem mitschwingt: Das Innen ist das Außen, und das Außen ist das Innen. Dadurch, dass wir dies oft individuell betrachten, ist das, was wir vielleicht im Außen sehen, sehr erschreckend; wir wollen gar nicht hinsehen oder lehnen es ab. Denken wir nur an Mullah Nasrudin, der am Wegesrand die Spiegelscherbe fand.

Vieles, was wir im Außen sehen, wollen wir nicht sein oder haben. Das Außen spiegelt uns nicht isoliert als Einzelne wider, sondern uns als Ganzes. Die Angst, im Außen etwas zu sehen, das wir in uns nicht sehen möchten, kommt nur aus einem Ich, das etwas Besonderes und heil sein möchte. Bin ich mir jedoch bewusst, dass das Außen nicht mich als isoliertes Ich, sondern das Ganze widerspiegelt, kann ich eine offene, staunende Haltung einnehmen.

Ich lerne im Außen *und* im Innen das Ganze zu sehen, und ich erkenne mich selbst als alles. Dogen Zenji, der die Sitzmeditation Zazen aus dem Kaiserreich China nach Japan brachte, schrieb: „Sich selbst zu erkennen, heißt, sich von den zehntausend Dingen erwecken zu lassen." Das Außen kann eine unglaubliche Hilfe sein, sich zu erfahren. Etwas davon auszugrenzen, ist aus dem Ich heraus gesprochen, das in der Zweiheit von ‚richtig und falsch', ‚mag ich' oder ‚mag ich nicht', verstrickt ist. In dem Moment, in dem wir etwas verabscheuen oder bevorzugen, wollen wir unsere eigene heile Welt schaffen. Wir glauben uns abgrenzen zu können, doch das Gegenteil ist der Fall. Was wir nicht annehmen wollen, verschwindet nicht, es gehört zum Ganzen, und jetzt drängt es mit aller Macht nach oben.

Es geht um ein Schauen, ohne zu bewerten. Dieses Schauen umfasst alle Sinne. Doch kein Ich schaut, hört, riecht, schmeckt, spürt oder denkt. In allen Sinneswahrnehmungen vollzieht sich das universale Bewusstsein. Unser Ich identifiziert sich mit jeglichem Wahrnehmen und gaukelt uns vor, es wäre frei und selbstbestimmend. Doch das ist eine Illusion. In Wirklichkeit gibt es nur Wahrnehmung ohne ein Ich. Dieses setzt sich als Ich-Gedanke so unmittelbar auf das Geschehen drauf, dass wir den Eindruck haben, es gäbe dieses Ich, das alles macht. Im Zen geht es daher nicht darum, die Sinneswahrnehmungen einzuschränken und Askese zu üben, um das Ich nicht zu verführen und es klein zu halten. Wir dürfen die Welt schauen, zu hören, riechen, schmecken oder mit ihr in Berührung kommen. Wir brauchen uns nicht zu begrenzen, wie es in religiösen Gemeinschaften oft praktiziert wird, in denen man sich der Welt entzieht, um nicht von ihr verlockt und dann aufgefressen zu werden.

Zen sagt: Gebraucht eure Sinne, nehmt die Welt mit allen Sinnen auf, schmeckt, schaut, spürt, aber lasst den Ich-Gedanken weg; denn der bewertet alles und verzerrt damit die Wirklichkeit in die Gegensätzlichkeit. Yin und Yang, jene einander entgegengesetzten und dennoch aufeinander bezogenen Kräfte, sind damit nicht im Miteinander-Schwingen, sondern stehen sich als Gegensätze gegenüber und bekämpfen sich. Übersteigen wir aber die Gegensätze, indem wir sie beide als Erscheinungen des Einen verstehen, erleben wir die Welt in ihrer Unendlichkeit.

Im Zen dürfen wir die Welt mit den Sinnen ganz und gar aufnehmen. Das Einzige, was wir üben, ist, dass wir auf nichts ein Ich draufsetzen. Es ist kein Ich, das riecht oder nicht riecht. Riechen geschieht. Es ist jenseits von Ja oder Nein. Doch wir haben kein Wort für dieses einfache Sosein des Riechens, sondern schreiben es immer einer Person zu. So wurde dieses ‚Nicht' benutzt, das also keine Verneinung ist, sondern die Aufhebung der Gegensätzlichkeit ausdrücken möchte. Im Zen geht es daher nicht um Einschränkung, sondern um ein Übersteigen, es geht um Weite und Offenheit.

Es ist die Haltung des Staunens, aus der heraus Ehrfurcht erwacht und Dankbarkeit für die unendliche Weite des Hier und Jetzt.

Ohne das eine fehlt auch das andere

Seng-ts'an bringt in konkreter, pointierter Weise zum Ausdruck, worin sich dieses Ganze, dieser eine Geist, von dem wir stets reden und ihn doch nicht mit Worten fassen können, worin sich dieser eine Geist erweist. Er ist das tiefe Vertrauen selbst. Es ist die Grundhaltung unseres Lebens. Blicken wir oberflächlich auf eine Wiese, haben wir den Eindruck, alles ist nur grün. Schauen wir jedoch bewusst darauf, erleben wir, wie diese Wiese lebendig wird und eine unendliche Vielfalt in sich birgt. Nehmen wir bewusst den nur auf den ersten Blick eintönig erscheinenden Sand in der Wüste wahr, erkennen wir, wie der Sand lebt und nicht einfach totes Gestein ist.

So ist es auch bei uns. Uns wirklich anzuschauen, lässt uns die Grundstruktur unseres Lebens erkennen. Diese Grundstruktur ist das Vertrauen, das in uns lebendig ist. Seng-t'san nennt das Erleben dieser Grundstruktur, dieses Unendlichen, wo alles seinen Platz hat, Tao. Dieses Tao zu erleben, eröffnet sich uns dadurch, dass wir alle dualistischen Ansichten übersteigen. Immer wieder gilt es sich klarzumachen: In unserem Denken sind die Gegensätze existent, und so sehen wir auch die Welt durch diese Brille. Diese dualistischen Formen sind jedoch nicht die Wirklichkeit, sie sind Wahrheiten, die sich unentwegt verändern. Sie gleichen Träumen.

In der westlichen Kultur hat diese Gegensätzlichkeit in der Philosophie und Logik ihren Platz gefunden. Die Logik lehrt ‚A ist nicht B'. Dabei wird A als eine eigenständige Entität, eine Seinsweise, angenommen und B ebenso. Beide Seinsweisen stehen sich gegenüber, diese Weltsicht ist dualistisch.

> *Zen sagt: Nehmt die Welt mit allen Sinnen auf, aber bewertet sie nicht.*

Ganz anders die Einsicht Buddhas. Er erkannte, dass es ohne das A kein B gibt und ohne das B kein A. A und B existieren nicht eigenständig für sich, sondern verändern sich unentwegt in wechselseitiger Bedingtheit. A und B sind keine feststehenden, isolierten, individuellen Entitäten, sondern beziehen sich unentwegt neu aufeinander. Da es das eine gibt, gibt es auch das andere. Ganz einfach zu verstehen ist das bei Eltern und ihren Kindern. Nehmen wir die Kinder weg, sind auch die Eltern weg. Nehmen wir die Eltern weg, sind auch die Kinder weg. Das Kind gibt es nur, weil es die Eltern gibt, und die Eltern gibt es nur, weil es die Kinder gibt. Das gilt für alles und jedes. So gibt es den Schatten nur, falls die Sonne scheint, und die Sonne nur, falls es den Schatten gibt; groß nur, weil es klein gibt, und klein nur, weil es groß gibt. Die Bedingungen sind gegeben, und das eine gibt es nicht ohne das andere. Da die Bedingungen und Abhängigkeiten so komplex sind, so vielfältig, so unbegrenzt und sich unentwegt ändern, kann man nicht sagen, das eine stehe fest oder das andere sei fest und beide hätten nichts miteinander zu tun. Vielmehr steht alles in einem unendlichen Austausch, in einer unendlichen Bedingtheit zueinander. Das eine und das andere haben daher in ihrer ständigen Bewegung keine Substanz, sie können nicht festgelegt werden. Nur im momentanen, bewussten Erleben erfahre ich sie unmittelbar.

Aus dem Traum erwachen

Eltern sind in ihrer Rolle, wenn die Kinder da sind. Sind die Kinder weg, fällt auch die Rolle als Eltern weg. Elternsein ist nichts Festes, sondern sie ergibt sich nur in der Beziehung zum Kind. Es ist für uns im Alltag sehr wichtig, sich dessen immer wieder bewusst zu sein, um nicht zu glauben, wir hätten eine feste Rolle. Nein, wir sind immer in einer momentanen Abhängigkeit, in einer bestimmten Bedingtheit, die sich sofort löst, wenn sich das Umfeld verändert. Wir leiden, falls wir an einer Rolle festhalten, zum Beispiel an der Mutter- oder Vaterrolle. Gehen die Kinder aus dem Haus, fällt es schwer, diese Bedingtheit, die sich aufgelöst hat, auch anzunehmen. Es schmerzt. Oder vielleicht hat man sich mit der Rolle in seinem Beruf sehr stark identifiziert und muss dann in den Ruhestand gehen. Es ist fast so, als sterbe man einen kleinen Tod, sobald die Rolle wegfällt. Das Streben nach Sicherheit, nach Halt und auch die Vermeidung von Schmerz führen uns immer wieder in die Haltung, uns an etwas festzuklammern und das andere auszuschließen. Doch alle dualistischen Ansichten sind eine Scheinwelt. Es ist nicht möglich, nur einen Pol zu leben.

Erkenne ich die wechselseitige Bedingtheit allen Seins, ist es unvermeidbar zu akzeptieren, dass der andere Pol immer mit dabei ist. Ich kann das Leid nicht vermeiden, indem ich nur auf die Freude schaue. Der Schmerz wächst mit der Freude mit, sie bedingen sich gegenseitig. Wir sind jedoch diesem Wechselspiel der Gefühle nicht ausgeliefert. Es geht darum, diese Verstrickung zu durchschneiden. Dafür steht das Bild des Erleuchtungswesens, Bodhisattva Manjushri. Dargestellt wird er deshalb mit einem Schwert und oft mit einer Buchrolle als Zeichen der Weisheit. Mit dem Schwert durchschneidet er die Illusion der Gegensätze, die der Traumwelt zugehörig sind.

Das heißt nicht, dass für uns die Traumwelt nicht real erlebbar ist. Im Traum haben wir nur selten das Gefühl, dass wir träumen. Erst wenn wir aufwachen, merken wir, dass wir geträumt haben. Träume sind für uns oft so realistisch, dass wir sogar durch sie traumatisiert werden. Menschen, die unter Depressionen leiden, erfahren sehr stark, wie sich im Schlaf bereits eine Schwere auf sie legt.

Daher der Ruf im Zen: Wacht auf! Wacht auf aus euren Träumen!

Träume sind nicht die Wirklichkeit

Erkennen wir einen Traum als Traum, löst er sich auf wie eine Chimäre.

> Mullah Nasrudin träumte, dass er zehn Gulden bekommt. Der sie ihm gibt, zählt ihm das Geld in die Hand: eins, zwei, drei, vier, und Mullah lacht und freut sich, fünf und sechs usw. Doch den zehnten Gulden hält derjenige zurück.
>
> Mullah Nasrudin schreit auf: „Du hast doch gesagt ‚zehn', gib mir noch den zehnten!"
>
> Plötzlich wacht er aus seinem Traum auf. Schaut auf seine Hände, die leer sind. Schnell schließt er die Augen wieder und sagt: „Ich verzichte auf den zehnten."

Wir träumen von einem Leben, erwachen wir, sind wir nicht immer wie Mullah Nasrudin erfreut, sondern sogar erschüttert, da das, was wir uns zusammengeträumt haben, wie ein Kartenhaus zusammenfällt. Wie Mullah Nasrudin verschließen wir ganz schnell die Augen und versuchen im Traum weiterzuleben. Seng-t'san fordert uns auf, aus jeglichem Traum zu erwachen, der sich stets in das Gewand der Dualität kleidet. Die Wirklichkeit ist jenseits der Dualität. Sie ist die Nicht-Zweiheit. Diese Nicht-Zweiheit übersteigt alle Gegensätze, auch Ich und Du werden aufgelöst. Gibt es ein Ich, gibt es auch ein Du. Fällt das Ich jedoch weg, fällt auch das Du weg. Ich und Du stehen in wechselseitiger Abhängigkeit und bedingen sich, sind daher keine eigenständigen Entitäten.

Wer grauen Star hatte oder eine andere Schädigung des Auges, weiß, dass man seinen Augen nicht trauen kann. So sind die dualistischen Vorstellungen Flecken auf unseren Augen, die uns die Wirklichkeit nicht sehen lassen. Dualistische Ansichten bringen die Kausalität mit sich, die sich in einer zeitlichen und einer räumlichen Dimension äußert. ‚Ursache und Wirkung' entspricht unserem Denken, das davon ausgeht, dass ein Erlebnis isoliert erfahren wird und sich die Konsequenz daraus eventuell später zeigt. Doch Ursache und Wirkung sind nicht zeitlich getrennt, sie existieren gleichzeitig.

Seng-t'san hat dies am eigenen Leib erlebt:

> Er ist zu Meister Hui-k'o, der den Herz-Geist als Nachfolger von Bodhidharma empfangen hatte, gegangen und hat ihn gebeten: „Meister! Ich bin von einer schweren Krankheit befallen, bitte nimm mir die Schuld, die diese Krankheit bewirkt hat."

Hui-k'o antwortete: „Bring mir die Schuld."

Seng-t'san sagte: „Ich habe sie jetzt nicht, ich kann sie dir nicht bringen."

„Gut, dann habe ich dich schon davon befreit", meinte Hui'ko.

Damit drückt er wunderbar aus, dass nur in dem Moment, in dem ich mir die Schuld sozusagen anziehe und ich mich schuldig fühle, es auch die Wirkung gibt. Ist die Schuld weg, ist auch die Wirkung weg. Oder schauen wir auf das Gewinnen. Es ist nur möglich, wenn es Verlieren gibt. Bei Kindern, die noch nicht in diesen dualistischen Ansichten gefangen sind, kann man beobachten, wie sie verlieren, ohne dass ihnen das Verlieren etwas ausmacht: Sie gewinnen immer, denn Gewinnen und Verlieren sind für sie keine gegensätzlichen Pole, für sie ist das Entscheidende das Spiel. Gewinnen und Verlieren bedingen sich. Nehmen wir das eine weg, fällt auch das andere weg. Möchte ich das Richtige haben, wird das Falsche groß; lasse ich das Richtige weg, fällt auch das Falsche weg.

Die Grundstruktur unseres Lebens ist das Vertrauen, das in uns lebendig ist.

Vertrauen, Offenheit und Hingabe

Vertrauen – jenseits von Vorliebe und Abneigung

Seng-t'san nennt den einen Geist, der alles durchdringt und sich in allem ausdrückt, Glaubensgeist und zeigt auf, wie dieser Geist erfahren wird, nämlich als tiefes Vertrauen. Leider bleiben wir Menschen meist an der äußeren Form aller Erscheinungen hängen, die sich unentwegt wandelt. Damit erleben wir unentwegtes Vergehen und leiden, da nichts beständig sein kann. Gerade in der jetzigen Zeit, in der wir dem Krieg wieder so nahe sind, in der wir von Katastrophe zu Katastrophe taumeln, erscheint es uns fast undenkbar, die Sichtweise einzunehmen, dass alles „nur" Erscheinung sein soll. Das scheint uns sogar eine ausgesprochen unangemessene Haltung gegenüber den Ereignissen zu sein und sie nicht wichtig zu nehmen. Hoffnungslosigkeit und Hilflosigkeit überkommen uns jedoch, sobald wir auf diese Erscheinungen schauen und sie sich uns als fest zeigen. Wie könnten wir angesichts des Leids Vertrauen schöpfen und worauf uns noch stützen?

Wie wir vertrauen können trotz aller Katastrophen in der Welt

Dieses tiefe Vertrauen als Grundstruktur unseres Lebens schrumpft zusammen. Wie können wir Vertrauen in die Menschheit aufbauen angesichts der Katastrophen, denen wir ausgeliefert sind? Es lohnt sich, auf das zu schauen, was Seng-t'san beschreibt.

Zu seiner Zeit waren die Menschen nicht vertrauensvoller als heute. Auch damals reihte sich eine Katastrophe an die andere, Kriege und Naturkatastrophen bedrohten die Menschen zeitlebens. Er will den Menschen mit seinem Gedicht Mut machen, am Leben nicht zu verzweifeln, sondern in die tiefe Struktur des Lebens einzutauchen, sie zu erkennen und daraus den Mut zum Leben zu schöpfen. Er wird nicht müde, darauf hinzuweisen, dass sich alle Phänomene, seien es die festen Körper, das Handeln, das Fühlen, das Denken, das Wahrnehmen und das Wollen, der Vollzug des einen Geistes sind. Kein Phänomen ist fest.

Schauen wir nur auf das Wollen. Heute wollen wir dies, morgen jenes. Das Wollen zeigt sich in jedem Augenblick anders. Wir wollen morgens gerne aufstehen, und am nächsten Tag wollen wir gerne liegenbleiben; wir wollen jetzt keine Schokolade essen, später wollen wir doch Schokolade essen. Das sind einfache Beispiele, die aber zeigen, dass das Wollen unentwegt je nach den Umständen in Bewegung ist.

Auch das Fühlen befindet sich in ständiger Bewegung. Manchmal spüren wir dies, manchmal jenes. Wir können nicht sagen: Mein Gefühl ist stabil. Genauso verhält es sich mit der Wahrnehmung. Sie ist derart verschleiert von unseren Mustern, dass wir nicht sagen können: Das, was wir wahrnehmen, ist die Realität. Sogar scheinbar objektive Farben nehmen wir unterschiedlich wahr. Wir wissen nicht, wie die Tiere wahrnehmen, wir wissen nicht, wie die Pflanzen wahrnehmen. Wir wissen nicht, ob die Berge wahrnehmen. Was wir als Menschen wahrnehmen, ist nicht die Wirklichkeit, dazu sind unsere Sinnesorgane viel zu beschränkt. Unsere Sicht der Welt ist nicht die einzige und daher auch nicht die einzig wahre. Wir zetteln sogar Kriege an, um unsere Weltsicht als die einzig richtige durchzusetzen.

Nehmen wir wahr, schauen wir durch Brillen, nicht nur durch eine, wir haben viele verschieden gefärbte Brillen auf. Wir können vielleicht eine ablegen, dann die nächste ablegen, die übernächste, aber es bleibt immer eine Brille, durch die wir auf die Welt schauen. Wir blicken durch einen Nebel und bemerken leider nicht, dass unser Blick vernebelt ist.

> In einem Gedicht sagt Meister Ryokan, dass wir das, was uns nahe ist, als richtig empfinden, und das, was uns fremd ist, empfinden wir als falsch. Doch das, was uns nahe ist und was uns fremd ist, sind unsere Gewohnheiten.

Was wir unentwegt in uns bewegen, ist uns vertraut, und was neu auf uns zukommt, macht uns erst einmal Angst, und wir treten einen Schritt zurück. Jede Wahrnehmung ruft fast zeitgleich unser Denken und

Fühlen hervor. Aufgrund unserer menschheitsgeschichtlichen Erfahrungen ist beides, Denken und Fühlen, bereits ein Urteil und eine Bewertung. Vermutlich haben wir Angst vor Unvertrautem, wir wissen nicht, ob es uns Schmerz bringt oder sogar den Tod. So hat sich in uns ein Denken entfaltet, das sofort einordnet: ‚gefällt mir – gefällt mir nicht', ‚richtig – falsch', ‚mag ich – mag ich nicht'. Unentwegt sind wir in Ablehnung und in Vorliebe verstrickt. Auch wenn wir glauben, frei davon zu sein, können wir bei näherem Hinsehen erkennen, Vorliebe und Abneigung bilden die Grundstruktur unseres Denkens. Unser Intellekt unterscheidet ständig. Ablehnung oder Vorliebe folgt sogleich. Sie verschließen uns und verdunkeln unser Vertrauen. Wir leiden an der Welt.

In dem Buch *Good Vibration* beschreibt der Neurologe, Musikwissenschaftler und Musiktherapeut Stefan Kölsch dieses Phänomen. Er zeigt darin auf, wie Musik Gefühle verändern kann und dadurch unser Wohlbefinden beeinflusst. Der Musik wird eine Schlüsselrolle für unsere Gesundheit zugeschrieben. Das ist wunderbar. Zen geht meines Erachtens noch radikaler an unsere Wurzel.

Was bedeutet achtsam leben?

So heißt es: Alles ist ein Geist oder eine Bewusstheit. Alles ist sozusagen unterschiedliche Verdichtungen dieses einen Geistes, und von diesem einen Geist her gesehen, ist alles dasselbe, auch wenn es in seinen Erscheinungen völlig verschieden ist. Geben wir diesen Phänomenen keine eigene Substanz, sondern erleben wir sie als diesen einen Geist, der sich in ihnen ausdrückt, lösen wir uns sogar von dem Ich-Gedanken. Wollen, Empfinden, Wahrnehmen, unterscheidendes Denken sind Aktivitäten des Geistes, der sich in dem Moment des Erscheinens seiner Selbst bewusst wird. Geben wir diesen Aktivitäten jedoch ein Ich, „ich nehme wahr", „ich denke" usw., entstehen Subjekt und Objekt, Vorlieben und Ablehnung, entsteht Leiden.

Vorlieben oder Abneigungen nicht zu folgen, ist im Zen der Schlüssel, die Wirklichkeit zu erkennen und Leiden zu durchbrechen. In dieser Wirklichkeit ist alles eins, nichts isoliert, nichts steht für sich, alles ist miteinander verbunden und in unentwegter wechselseitiger Abhängigkeit. Der ganze Kosmos ist in diesem Jetzt, nichts ist ausgeschlossen. Wir Menschen wollen alle das Gute, das Schöne und das Harmonische. Durch diese Vorliebe trennen wir die Wirklichkeit und bringen das Hässliche, das Schlechte, das Dämonische hervor. Wir können nicht das eine bevorzugen und den Gegenpol eliminieren. Alles existiert nur in Verbindung mit seinem Gegenpol. Das eine besteht nur wegen des anderen. Unsere Haltung von Vorliebe oder Abneigung führt dazu, dass wir das, was wir ablehnen, noch befeuern. Bevorzugen wir etwas, heben wir gleichzeitig das, was wir ablehnen, hervor.

Wir können dies bei uns selbst genau beobachten. Versuchen wir achtsam zu sein, achtsam zu leben,

> *Unser Intellekt unterscheidet ständig. Ablehnung oder Vorliebe folgt sogleich. Sie verschließen uns und verdunkeln unser Vertrauen.*

alles achtsam zu tun, begegnen wir, da es anders nicht möglich ist, unentwegt Unachtsamkeit.

Achtsamkeit im Zen ist daher nicht, etwas betulich zu tun, sondern diese Gegensätzlichkeit zu durchbrechen. Achtsamkeit bedeutet, weder Vorliebe noch Abneigung zu folgen, sondern die Dinge zu nehmen, wie sie sind. Schwer ist schwer, leicht ist leicht. Das ist keine neutrale Haltung, keine Vermischung von Farben, sodass alles grau oder beige erscheint. Der eine Geist erschließt sich in jedem. Die Dualität wird durchschnitten, sie wird überstiegen.

Seng-t'san legt dies am Beispiel der Ruhe aus. Je mehr Ruhe wir haben wollen, desto lauter wird es. In dem Moment, in dem wir alles schnell machen wollen, geht es langsam. Lärm und Ruhe treten immer miteinander auf. Will ich das eine haben, geschieht dies nicht, indem ich das andere weghaben kann. Ist es langsam, dann ist es langsam, ist es schnell, dann ist es schnell. Mein Verhalten ist damit immer den Umständen gemäß. Die Gegensätze zu überschreiten, kann immer nur im Hier und Jetzt geschehen, wo keine Trennung gegeben ist.

Doch unsere Bewertungen sitzen tief. Wir sehen etwas, hören, schmecken, riechen oder denken etwas, und sofort ist es nicht nur ein Akt des Willens, der Ablehnung und Vorliebe beiseiteschiebt, sondern unser ganzer Körper ist bereits davon erfüllt, etwas abzulehnen oder etwas anzunehmen.

Selbst wenn wir noch nicht sehen, was es ist, haben wir schon Vorliebe und Abneigung in uns. Sich dessen bewusst zu werden, ist die Übung im Zen. Das Erkennen ist das Entscheidende, denn damit verlieren Ablehnung oder Vorliebe bereits ihre Kraft.

Wenn ein Esel in den Brunnen schaut

Immer wieder geht es um die Frage, wer wir sind, wie wir glücklich leben können, wie wir da sein können, ohne in Ängsten, Nöten und Sorgen verstrickt zu sein. Es geht um das Dasein in großer Gelassenheit und Zufriedenheit.

Zen ist die Lebenshaltung, in der sich der eine Geist in all seinen Erscheinungen bewusst werden soll. Nicht ein Ich wird sich der Dinge bewusst. Sondern das Leben, die Bewusstheit, das Gewahrsein wird sich seiner bewusst, der Baum als Baum, der Schritt als Schritt, das Ich als Ich.

Doch die Schwierigkeit dabei besteht darin, dass sich das Ich immer in den Mittelpunkt stellt und den Eindruck erweckt, es mache alles und alles drehe sich nur um es. Jemand schaut weg, und schon flüstert uns das Ich ein, der schaut weg von mir, der hat etwas gegen mich. Alles bezieht das Ich auf sich.

Es ist selbstverständlich nicht einfach, wenn man von jemandem beleidigt wird, dies nicht auf sich zu beziehen. Wir können erleben, dass wenn der übernächste Nachbar Streit hat mit dem überübernächsten Nachbarn, wir nicht so aufgeregt sind, als wenn unser direkter Nachbar mit uns streitet. Das Ich ist nicht so stark involviert, wenn der Streit von ihm weiter entfernt ist. Es geht jedoch darum, nicht nur das Entfernteste nicht auf sich zu beziehen, sondern gar nichts auf sich zu beziehen, vielmehr als Ausdruck des Lebens zu erkennen. Das wird wunderschön dargestellt in zwei Geschichten.

Eine davon kommt aus dem Zen:

> Ein Schüler fragt den Meister: „
> Wie würdest du es denn darstellen,
> dass sich das Leben seiner selbst bewusst wird?“
> Der Meister fragt zurück:
> „Sag erst du, wie du es sagen willst.“
> Da meint der Schüler:
> „Es ist so, wie wenn ein Esel
> in den Brunnen schaut.“
> Der Meister antwortet:
> „Nicht schlecht, aber ich würde es anders
> ausdrücken: ‚Der Brunnen schaut den Esel an‘.“

Der Brunnen steht für das Unendliche, für das, was wir nicht festlegen, nicht festhalten können. Er steht für die Leere. Wer einmal in einen tiefen Brunnen geschaut hat, weiß, dass die Dinge darin unsichtbar sind – nur an der Oberfläche sieht man eventuell Bilder. Der Brunnen steht auch für das Nicht-Wissen, für ein Offensein allem und jedem gegenüber. Der Esel steht für unser Ich, das sich als dieses Unendliche erkennt. Es erlebt sich eins mit allem. Der Meister jedoch meint:Nein, das Unendliche erkennt sich als Ich.

Die andere Geschichte ist das Märchen der Gebrüder Grimm vom Eselein:

Einst kam ein Prinz auf die Welt, dem seine Eltern nicht sagten, dass er als Esel geboren wurde. Er erhielt seine Ausbildung, lernte die Laute zu spielen und andere Künste, obwohl seine Hufe und sein Geist es ihm sehr schwer machten, die Künste zu erlernen. Eines Tages ging dieses Eselein an einen kleinen Teich und schaute hinein; es erkannte sich selbst als Esel und war völlig erschüttert darüber, wer er war. Er war so sehr verzweifelt, dass er nicht mehr in seinem Königreich bleiben wollte und in die Welt hinauszog. Er kam in das Schloss eines anderen Königs und fragte dort an, ob sie vielleicht einen Lautenspieler bräuchten. Die Leute lachten, als sie ihn sahen: „Du willst das Lautenspiel können?" Doch als er ihnen eine Kostprobe seines Spiels gab, waren sie überzeugt und stellten ihn an. Da am Abend ein Fest angesagt war, durfte er gleich schon an diesem Abend spielen. Er spielte so wunderschön, der König war so entzückt von seinem Spiel, dass er ihm einen Wunsch gewährte. Das Eselein meinte: Er wolle die Prinzessin zur Frau. Damit hatte der König nicht gerechnet. Doch ob er wollte oder nicht, er musste ihm den Wunsch erfüllen. Nachts, als das Eselein sein Eselsgewand abstreifte, stahl die Braut es und verbrannte es. Das Eselein konnte fortan als Prinz leben.

Dieses Märchen erzählt davon, wie wir alle königlichen Blutes sind. Dies zu verwirklichen, heißt, sich selbst auch in seiner Niedrigkeit zu erkennen und die Dualität von Prinz und Prinzessin zu übersteigen.

Sich seiner selbst bewusst zu werden, ist nicht leicht. Wie das Eselein sehen wir Seiten an uns, die wir nicht haben wollen, und tragen Erlebnisse in uns, die schmerzhaft sind und die wir lieber vergessen wollen. Das Märchen zeigt uns den Schlüssel. Obwohl der Esel so verzweifelt ist, lässt er sich nicht davon abbringen, sich in den Künsten zu üben. Er spielt seine Laute. Musik wird hier zur Verbindung von Himmel und Erde. Musik erhebt ihn über sich selbst hinaus.

Wir können jede Übung dafür nutzen, die uns über uns selbst hinaushebt, das heißt, die von uns verlangt, im Hier und Jetzt zu sein. So ist im Zen jeder Moment des Lebens eine Übung, über sich selbst hinauszugehen. In dem Augenblick, in dem wir unser Esel-Dasein mit seinen Schatten- und Sonnenseiten annehmen, gewinnen wir die Nicht-Zweiheit, die im Märchen im Bild der Hochzeit von Prinz und Prinzessin beschrieben wird.

Zen ist die Haltung, dieses Dasein in der Einheit zu leben und nicht als gesondertes Ich der Welt gegenüber. Damit verlieren alle Erscheinungen ihre Individualität, vielmehr wird das Individuelle zum Vollzug des Einen.

Als ‚Nicht-Zwei' bezeichnet Seng-t'san diese Einsicht. Wobei wir, ich will es erneut betonen, nicht vergessen dürfen, dass das ‚Nicht' keine Verneinung ist, sondern die Dimension eröffnet, die als Leere bezeichnet wird, eine Dimension, wo die Dinge ihre bestimmenden Eigenschaften verloren haben.

Dieses ‚Nicht-Zwei' ist nur im Jetzt erfahrbar, nicht vorher und nicht nachher. Unser Gehirn macht sich stets Bilder von der Welt. Mit ihnen laufen wir umher und behaupten, sie seien die Wirklichkeit. Doch wir dürfen nicht vergessen: Wir erinnern immer nur einen Ausschnitt aus dem Erlebten, und je nach Prägung haben wir dieses Erlebte gedeutet und in unser Gedächtnis eingegraben.

Das Gehirn selektiert; zwar sind alle Bilder in uns, doch wir nehmen immer nur Bruchstücke davon bewusst wahr. Diese Bruchstücke setzen wir in der Gegenwart erneut zusammen, und somit wird Vergangenes zur Gegenwart. Zen will, dass wir diese Bilder loslassen und uns mit ihnen keine Weltsicht zurechtlegen.

Kinder, die einen Turm bauen, sind vollständig fokussiert auf das Bauen des Turmes. Sie strengen sich an, und doch ist dieses Anstrengen für sie nicht das, was Anstrengung für uns Erwachsene bedeutet. Bei ihnen ist es ein Nicht-Anstrengen, es ist ein völliges Einverstanden-Sein mit dem, was ist. Ist es anstrengend? Im Grunde genommen ist es nicht anstrengend, sofern ich einverstanden bin mit dem Anstrengenden und es als meinen momentanen Ausdruck meines Lebens annehme. Damit ist alle Schwere verschwunden. Die Dinge sind, wie sie sind. Seng-ts'an nennt das Klarheit. Nichts wird den Dingen und Ereignissen hinzugefügt.

> Im Gegensatz dazu Mullah Nasrudin, der vom Esel gefallen war und erlebte, wie die herumstehenden Jugendlichen über ihn lachten.
> Als der Mullah sich aus dem Staub aufgerafft hatte, fragte er sie: „Warum lacht ihr so dumm?“
> Sie meinten: „Mullah, du hast so lustig ausgesehen, als du heruntergefallen bist.“
> Der Mullah antwortete darauf: „Oh, ihr Jugend, ihr wisst ja gar nicht, warum ich vom Esel gefallen bin.“

Im Zen gilt: Ich falle vom Esel herunter, schreie, es tut weh, ich rappele mich wieder auf. Einfach das tun, was zu tun ist, und nicht: ‚Du hättest besser aufpassen müssen‘ oder ‚Der Sturz wollte mir etwas sagen.‘ Nichts davon. Es ist, wie es ist. Das ist Klarheit.

Seng-ts‘an nennt dies auch ‚selbstleuchtend‘. Dieses Wort wird selten gebraucht. Das Selbst leuchtet auf. Das wahre Selbst leuchtet in dem, was gerade ist. Es spiegelt sich in dem, was ist, eins zu eins wider, nichts anderes, nichts dahinter. Das Spiegelbild zeigt das Leben, zeigt sich in jeder Erscheinung vollkommen. Nicht mehr und nicht weniger. Das ist der Platz des Nichtdenkens, wo Denken und Nichtdenken überstiegen werden. Im Nicht-Denken erscheint die Wirklichkeit klar, leer und selbstleuchtend.

Offenheit – einfach da sein

Die Erscheinungswelt ist das Sosein: Es ist, wie es ist, nichts dahinter, nichts davor. Ein Vogel fliegt auf. Regentropfen fallen.

Auch wenn es auf den ersten Eindruck sehr nüchtern erscheint, so täuscht dies. Es ist nicht nüchtern, nicht banal, es ist genau die Haltung, die uns vom Leiden befreit. Die Welt des Soseins wird zur Dharmawelt. Das heißt, alle Phänomene werden als Vollzug der Bewusstheit erkannt, die sich selbst ihrer selbst in den Dingen bewusst wird. Diese Bewusstheit ist die Weisheit, die sich in allem, ob es Pflanzen, Tiere, Menschen sind oder der Kosmos ist, entfaltet. In diese tiefe Weisheit einzutauchen, lässt uns die Sprache aller Wesen verstehen.

Auf einer Bühne ist immer nur das zu sehen, was wir beleuchten. Die Scheinwerfer sind ein wichtiges Instrument, um das Schauspiel darzustellen und genau das, was wir sehen sollen, im Licht erscheinen zu lassen. Alles andere liegt im Dunkeln, wir sehen es nicht. Wir sehen nicht die Musiker im Orchestergraben, wir sehen nicht die vielen Kabel und Stränge oben an der Decke – sie sind nicht beleuchtet. So beleuchten wir auch die Wirklichkeit mit unserer Denkweise. Wir erkennen immer nur das, was wir beleuchten, und nicht das, was die ganze Welt ist.

Zen möchte uns die Augen öffnen für das Ganze, will die Weisheit, die in allem wirkt, beleuchten und nicht nur den Lichtstrahl auf einen Ausschnitt richten und uns glauben lassen, er sei das Ganze.

Wie die Welle verändern wir uns ständig

Wenn wir auf das Meer schauen und sehen, wie sich eine Welle erhebt, wie sie größer und größer wird und sich mit großer Geschwindigkeit den Klippen nähert, wie sie bricht und der Ozean sich über diese Klippen hinweg spült, dann können wir fragen: „Wo geht die Welle hin? Stirbt sie? Wo ist die Welle jetzt?" Die Welle ist der Ozean, sie verändert sich unentwegt, einmal ist sie hoch, einmal niedrig, einmal bäumt sie sich auf, einmal zerschellt sie an einem Felsen. Doch sie ist nie weg. Ozean und Welle sind eins. Der Ozean ist in der Welle stets neu. Er ist beständig in seiner unentwegten Unbeständigkeit.

Wir sind den Wellen gleich. Unentwegt verändern wir uns, und doch ist das Leben immer dasselbe. Auch wenn wir an der Klippe brechen, zeigt sich das Leben in diesem Augenblick im Brechen. Das Leben ist beständig in all seinen unbeständigen Formen. Es gibt nicht die Welle und den Ozean, die Welle ist der Vollzug des Ozeans. Ich bin der Ausdruck des Lebens. Mir dessen bewusst zu sein, heißt, meine Ich-Illusion loszulassen und mich ganz in das Leben einzulassen. Mein Ich wird sich als die Ganzheit des Lebens bewusst. Alles ist dieses Leben. In ihm sind wir eins. Unser Verstand kann die Einheit nicht denken, denn er selbst ist ja ein Ausdruck dieses Einen. Wir brauchen daher eine andere Geisteshaltung, die uns die Augen für das Einssein öffnet. Diese Fähigkeit brauchen wir nicht zu erfinden, wir haben sie in dem ‚Erweckungsgeist'. Er ist die Bewusstheit, die sich selbst wahrnimmt.

Die Bewusstheit ist das Gewahrsein dessen, was ist. Sie ist der Ozean, der in seinen Wellen unentwegt in Bewegung ist und in jedem Moment anders erscheint. Der Ozean ist immer derselbe, seine Wellen sind nie gleich. In der Bewusstheit werden sich alle Phänomene in dem Moment ihrer Erscheinung als diese bewusst. In der Zen-Übung wird sich diese Bewusstheit als diese Erscheinung, sprich des Zazen-Übenden, bewusst, die Dualität wird überstiegen, ‚Nicht-Zwei' tut sich auf.

Zen möchte die Weisheit beleuchten, die in allem wirkt.

Im ‚Nicht-Zwei' ist alles gleich, nichts ist davon ausgeschlossen. Diese Aussage hat unendliche Auswirkungen auf unser Leben. Jede Diskriminierung, jegliches Ausgliedern oder ein Sich-Erheben über andere ist nicht mehr möglich. Leider ist solches ‚Sich-Trennen' tief in uns verankert. Daher bedarf es höchster Wachheit, um zu erkennen, wann Absonderung auftaucht, denn sie behindert uns in der Entfaltung. Sie ruft Leiden wie auch Gewalt hervor.

Es gibt nichts, das ausgeschlossen wäre. Es klingt so leicht, doch wir alle wissen, wie schwer uns dies fällt. Am nächsten ist uns die eigene Familie, sind die Verwandten, und das, was wir als unser Volk bezeichnen. Je weiter entfernt jemand ist, desto weniger berührt uns sein Schicksal. Mache ich mein Wohlbefinden abhängig von der Nähe und Ähnlichkeit mit meiner Person, von meiner Verwandtschaft, von Blut und Boden, ist dies über kurz oder lang zum Scheitern verurteilt. Nähe ist da, wo ich gerade bin und eins bin mit dem, was gerade ist. Das ist meine Heimat, meine Gemeinschaft. Heimat ist da, wo ich bin, wo ich ganz eins bin mit dem, was gerade ist.

*Es ist,
wie es ist,
nichts dahinter,
nichts davor.*

Sitze ich allein auf einer Bank, bin ich all eins mit diesem Sitzen auf der Bank. Die Steine unter mir, die Luft um mich herum, das Rauschen des Windes, die Vögel …: Ich bin mit allem eins. In dem Moment, in dem wir dieses ‚Nicht-Zwei' zutiefst erleben, sind wir, obwohl ganz unterschiedlich, doch eins. Ich kann nicht vereinsamen. Ich habe jedoch ein Gefühl von Vereinsamung oder Verlorensein, falls ich ein anderes Verständnis von Gemeinschaft habe, nämlich sie nur auf Menschen beziehe, mit denen ich mich eins und vertraut fühle. Ich werde immer wieder enttäuscht sein, denn Gemeinschaft ist Gegenwärtigkeit im Erleben des Einsseins im Sosein und nicht in der Bestätigung meiner Vorstellungen durch andere.

Gehen wir mit unseren Gedanken aus dieser Täuschung heraus, dass es etwas Vereinzeltes gäbe, etwas, das von mir getrennt ist, dann kann Offenheit allem und jedem gegenüber in mir aufblühen.

Diese Bewusstheit, die sich in unendlichen Formen widerspiegelt, ist die Weisheit, die sich überall bewahrheitet.

Das wird heute oft infrage gestellt. Manche glauben, es gäbe unterschiedliche Weisheiten. Im Islam ist sie anders, im Christentum ist sie anders, im Hinduismus oder im Buddhismus.

Doch die Weisheit, von der Seng-ts'an spricht, ist die universale Weisheit, die sich im ganzen Kosmos ausdrückt. Sie ist keine Philosophie, keine Religion, kein Wissen. Sie ist die gelebte Gegenwärtigkeit. Sie ist die Wirklichkeit. Der Moment, in dem wir im Hier und Jetzt sind und keinen Kommentar, keine Bewertung und kein Urteil zulassen, sondern, wie Linji sagt: nur Schauen. Im Schauen geschieht Hingabe an den Augenblick, wir erleben Klarheit, auf der kein Hauch von Nebel mehr liegt.

Wir alle sind diese Weisheit. Manchmal spitzt sie hervor, wo Freude und Leichtigkeit, wo Stille und Zufriedenheit uns erfassen, die nicht von einem Objekt abhängig sind. Dankbarkeit erfüllt uns, ohne dass es ein Objekt gibt, dessentwegen wir dankbar sind.

Diese Weisheit ist immer gegenwärtig, wir brauchen und können sie uns nicht erarbeiten. Wir können uns nicht einmal danach ausrichten. Das Einzige, was wir im Zen üben, ist, sie zu leben. Diese Weisheit ist jenseits von Ausdehnung und Zusammenziehung, jenseits jeglicher Dualität.

Gratwanderungen zwingen zur Achtsamkeit

In den ersten Versen des *Shinjinmei* hat Seng-t'san davon gesprochen, keine Abneigungen und Vorlieben zu haben. Jetzt verweist er darauf, dass wir auch nicht vergleichen können. Wir können das Schmale nicht mit dem Breiten vergleichen. Das ist nicht leicht, geben wir doch allem, was wir mit den Sinnen aufnehmen, sofort Eigenschaften. Das Schmale und Schlanke gefällt uns vielleicht besser als das Dicke. Wir vergleichen. Jetzt soll es jedoch darum gehen, das Schmale als schmal und das Breite als breit zu erleben.

Wir können dies vielleicht mit einer Bergwanderung vergleichen. Ist der Weg breit, ist es ganz leicht zu gehen. Wir sind damit einverstanden und glücklich. Wird der Weg immer schmaler und schmaler, und wird er sogar nur zu einem Grat, denken wir im ersten Moment vielleicht: Der breite Weg war doch viel schöner zu gehen. Der schmale ist viel schwieriger, er macht uns Mühe. Der Grat zwingt uns, aufmerksam zu sein, vorsichtig die Füße zu setzen, um ja keinen falschen Schritt zu machen und eventuell abzustürzen. Die Konzentration wächst, wir denken nicht mehr an den breiten Weg. Wir sind nur noch in dem einen Schritt. Wenn wir uns dabei nicht verkrampfen und nicht ständig denken: „hoffentlich bin ich bald am Ziel“, „hoffentlich passiert nichts“, wenn wir vielmehr Schritt für Schritt dabei und präsent sind, kann das Gehen zum Erleben des Einen führen. Starke Konzentration, die eine Zeit lang gehalten wird, führt zum Erleben von ‚Nicht-Zwei'. So kann die gleiche Erfahrung auch auf dem breiten Weg gemacht werden, falls wir uns auch hier auf diesen einen Schritt fokussieren.

Im Erleben sind breit und schmal gleich, in unserem Denken sind sie verschieden. Geben wir dem Breiten eine Eigenschaft wie auch dem Schmalen, vergleichen wir sie, bevorzugen wir das eine und lehnen das andere ab, dann schneiden wir uns vom Erleben ab, bauen uns Grenzen. Wir setzen auf das Erleben unsere Bewertung, haben eine Vorstellung von ihm und können es nicht in seiner Gänze erfahren. In dem Moment aber, in dem wir den Dingen keine Eigenschaften geben und keine Vorstellungen von ihnen haben, sind die Grenzen verschwunden. Die Übung im Zen ist, immer und überall in dieser achtsamen Haltung zu sein, das Vergleichen als Chimäre unseres Geistes zu erkennen, uns auf den Augenblick einzulassen und diesen ganz und gar zu leben.

Die Sehnsucht danach, geliebt zu werden

Stellen wir uns ein Kind vor, das im Matsch spielt. Das Kind hat keine Grenzen. Es sieht nicht, ob es schmutzig wird oder nicht. Es ist unmittelbar im Spiel mit dem Matsch. Diese Unmittelbarkeit des Spiels ist bei uns Erwachsenen leider meist verloren gegangen und auch nicht unbedingt bei jedem Kind mehr so. Es gibt Kinder, die, wenn sie Sand an den Händen haben, nicht mehr weiterspielen können, da die Hände schmutzig sind. Sie grenzen schon in jungen Jahren ihr Leben ein. Können sie sich jedoch ganz dem Matsch hingeben, sind sie ganz der Matsch, und sie erleben ihr Spiel als Erfüllung.

Wir dürfen diese nicht-vergleichende Haltung nicht mit Relativität verwechseln und meinen, groß oder klein spielten keine Rolle. Das entspricht nicht der Wirklichkeit. Groß ist groß, und klein ist klein. Beides erlebe ich völlig anders in ganzer Hingabe. Es geht nicht darum, die Gegensätze zu negieren oder zu relativieren, sondern die Wirklichkeit in ihrer Ganzheit, in ihrem Sosein, in diesem Augenblick des Großen oder Kleinen zu erfahren. Das Kleine erlebe ich dann als klein vollkommen, das Große als groß, ohne dass ich vergleiche, ob das eine besser als das andere ist. Es gibt einen hohen Berg und einen kleinen Berg. Besteige ich den großen Berg, muss ich mich anstrengen; den kleinen Berg besteige ich in kurzer Zeit. Denke ich beim großen Berg ständig: "Hätte ich doch besser den kleinen gewählt, dann wäre es jetzt einfacher, jetzt muss ich mich so anstrengen!" oder andersherum, wenn ich den kleinen Berg besteige und ständig denke: „Wäre ich doch nur auf den großen gegangen, das wäre viel ansehnlicher gewesen!", so verfehlen wir das Eine. Das Eine ist nur im momentanen Augenblick zu erleben, egal, wie es sich zeigt.

Die gleiche Struktur liegt auch der Dualität von Sein und Nichtsein zugrunde. Nichtsein hat viele Facetten. Einerseits kann es als Gegensatz zum Leben gesehen werden oder wenn ich mich als Nichts erfahre, ich mich nicht wertgeschätzt, gesehen oder geliebt fühle. Die Sehnsucht, geliebt und gesehen zu werden, ist wohl die tiefste Sehnsucht in uns, auf die fast alle Probleme zurückgeführt werden können. Doch je mehr wir nach Annahme streben, desto mehr erleben wir das Gegenteil, wir erfahren uns nicht wertgeschätzt. Die Struktur des Lebens lässt es nicht anders zu. Die Dualität tritt immer als Paar auf, nie gibt es nur einen Pol.

> *Ich bin das Tun, und alle Sorge um Anerkennung fällt ab.*

Die Sehnsucht nach Wertschätzung bringt immer auch die Ablehnung mit sich. Letzteres ist für uns Menschen kaum auszuhalten, sie macht uns krank. So kämpfen wir um Wertschätzung, wollen sie einfordern, oder wir ziehen uns schmollend in uns zurück und vergessen dabei ganz, uns auf das Tun im Augenblick einzulassen, denn alles unterliegt nur noch dem Um-Zu nach Anerkennung. Dies erschöpft uns, da alle Energie durch die Absichten aufgebraucht wird.

Diesem Teufelskreis kann ich nur entkommen, indem ich meine ganze Kraft und Konzentration auf den Augenblick des Tuns richte. Der Augenblick löst die Gegensätze auf. Ich werde zum Tun. Ich bin das Tun, und alle Sorge um Anerkennung oder keine fällt ab.

Das Leben liegt hinter Konzepten

Meister Roso Houn lehrte im 9. Jahrhundert seine Schüler dies in ganz besonderer Weise:

> Jedes Mal, wenn ein Schüler seinen Raum betrat, drehte er sich zur Wand. Alle erschraken, denn jeder glaubte, er sei der Einzige, bei dem sich der Meister zur Wand drehte. Jeder war beschämt, jeder dachte, er sei es nicht einmal wert, dass der Meister sich ihm zuwandte.
>
> So erzählte keiner es dem anderen, um seine Scham zu verbergen.
>
> Doch der Meister zeigte ihnen nur: Ich drehe mich zur Wand, nicht mehr, nicht weniger.
>
> Mit keinem Wort sagte Roso, dass er jemanden nicht sehen mochte.

Diese Geste ergreift jedoch sogleich unser Geist, deutet sie und macht daraus eine Geschichte. Neigen wir zu Selbstzweifeln, beziehen wir alles auf uns, wie schlecht und wie minderwertig wir sind. Sind wir etwas selbstbewusster, werten wir den anderen ab, finden ihn blöd und beschließen, nicht mehr zu ihm zu gehen.

Beides ist nicht der Weg. Was aber dann?

Ich gehe hinein, der Meister dreht sich zur Wand, ich verbeuge mich und gehe wieder hinaus. Aus. Nichts an Kommentar, nichts bleibt an mir haften. Hängt sich kein Gedanke daran, gibt es kein Problem.

Wir schaffen uns jedoch die Hölle, indem wir das Verhalten anderer in eine Wolke des Nicht-wertgeschätzt-Werdens versetzen: Der Nachbar schaut weg, der:die Partner:in grüßt nicht, der:die Partner:in übersieht mich. Doch das unendlich Kleine ist gleich dem Großen. Die Übung im Zen ist, die Momente zu leben, wie sie gerade sind, und sie nicht mit den eigenen Prägungen einzufärben. Das ist nicht fatalistisch oder resignativ. In dem Moment, in dem ich nicht bewerte, erlebe ich klein ebenso beglückend wie groß. Nur im Vergleichen schneidet das eine besser ab als das andere, und je nachdem, auf welcher Seite wir stehen, leiden wir oder haben Angst, das Bessere zu verlieren.

> Einst kam zu Meister Joshu ein Schüler und fragte: „Was ist, wenn ich nichts mehr habe?" und wollte damit sagen, dass er keine Konzepte, keine Vergleiche mehr hat.
> Joshu antwortete: „Lass ab von der Geisteshaltung, dass du nichts hast. Damit bist du schon der Dualität von Haben und Nicht-Haben verfallen. Sogar der Gedanke: Sein oder Nichtsein sind eins, groß oder klein sind eins, unterliegt der Polarität von Eins und Zwei."
> Der Schüler fragte daraufhin ganz verzweifelt: „Wenn ich nichts mehr habe, keine Konzepte mehr habe, wovon soll ich denn dann noch lassen?"
> Joshu sagt: „Von dem Gedanken, dass du keine Konzepte hast."

Es ist widersinnig zu sagen: „Jetzt lass ich mich auf den Augenblick ein, dann verschwindet das Vergleichen, und dann kommt die Glückseligkeit." Das ist ein Zen-Konzept. Sich ganz und gar auf den Augenblick einzulassen, heißt, nichts als das zu tun, was zu tun ist, zu gehen, zu sitzen, zu essen, zu stehen usw. und nicht zu sagen: „Jetzt lasse ich mich ganz auf das Sitzen oder etwas anderes ein."

In dem Moment wird das Leben seiner selbst bewusst. Es ist das Gewahrsein dessen, was ist. Wir brauchen nicht nach vorne oder nach hinten zu schauen. Wir geben uns dem Hier und Jetzt hin. Wir sind der Augenblick. Vertrauen erfüllt uns.

Dank

Ich möchte mich bei allen, die mir bei der Entstehung des Buches zur Seite standen, sehr herzlich bedanken.

Als erstes spreche ich meiner Lektorin Michaela Breit meinen tiefen Dank aus. Sie hat mich zu dem Buch motiviert und stand mir mit Rat und Tat zur Seite.

Rudolf Faber danke ich sehr. Er hat meine Teishos, die ich in den Sesshins gehalten habe, in eine schriftliche Version gebracht und mir dadurch eine Grundlage für die Texte meines Buches gegeben.

Ich sage vielen Dank Claudia Lueg, die es wagte und sich dafür einsetzte, dieses Zen-Buch im Patmos Verlag herauszubringen, wie auch dem Verlag, der die Herausgabe des Buches ermöglichte.

Damit ein Buch entstehen kann, braucht es viele Menschen im Hintergrund. Sie alle zu nennen, ist mir nicht möglich. Doch bin ich mir bewusst, dass sie mir die Basis gegeben haben, mich in dieser Weise auszudrücken, und dafür bin ich allen sehr dankbar.

Verwendete und weiterführende Literatur

Aldinger, M., *Geschichten für die kleine Erleuchtung*, Freiburg 2002

Bessermann, P./ Steger, M. (Hg.), *Verrückte Wolken*, Bielefeld 1991

Buber, M., *Hundert Chassidische Geschichten*, München 2003

Cong Rong Lu, *Aufzeichnungen aus der Klause der Gelassenheit*, Aitrang 2008

Die Bibel, Freiburg 1980

Eihei Zenji Dogen, *Shobogenzo*, Heidelberg 2001

Fischer, R. (Hg.), *Also sprach Mullah Nasrudin*, München 1998

Graf, L. u.a. (Hg.), *Die Blumen des Blinden*, München 1985 (vergriffen)

Haduch, R. W., *Form ist ... Leere ... ist Form. Das Herz-Sutra*, Zentrum für Zen-Buddhismus, Zürich 2016

Hanshan, *Gedichte vom Kalten Berg*, Freiburg 2001

Hesse, H., *Legenden*, Berlin 1983

Huang Po, *Der Geist des Zen*, Freiburg 2011

Jôshû, *Der Kreis des Samsara*, München 2005

Kazuaki, T./ Boissevain, F. J., *Hoher Himmel, großer Wind*, Berlin 2012

Keizan, J., Denkô-Roku, *Die Weitergabe des Lichts*, Frankfurt a.M. 2008

Kinder- und Hausmärchen gesammelt durch die Brüder Grimm, Berlin 2004

Kölsch, S., *Good Vibrations*, Berlin 2019

Lexikon der östlichen Weisheit, Frankfurt a.M. 1986

Linji, *Das Denken ist ein wilder Affe*, Frankfurt a.M. 1996

Poppe, T., *Die wundersamen Abenteuer des Mullah Nasrudin*, München 2003

Postman, N., *Wir amüsieren uns zu Tode*, Frankfurt a.M. 1980

Reus, P., *Ohne Worte ohne Schweigen*, München 1998

Rinzai/Schlögl, I. u.a., *Das Zen von Meister Rinzai*, Heidelberg 1990

Sari, L. (Hg.), Shulazi, *Morgengespräche im Kloster des Abtes Linji*, Schiedlberg 2003

Schmuziger-Chen, H.-C. u.a., *Prajñā Herz-Sutra*, o.O. (taotime-verlag) 2022

Seng-ts'an, *Die Meißelschrift vom Glauben an den Geist*, München 1901

Taisen, Deshimaru, *Shinjinmei, Gedichtsammlung über den Glauben an den Geist von Meister Sozan*, Heidelberg 1986

Taiso Keizan Genji, *Denko-Roku*, Frankfurt 2008

Thich Nhat Hanh, *Aus Angst wird Mut*, Freiburg 2003

Trakl, G., Ein Winterabend, in: *Die vier Jahreszeiten*, München 1994

Verschuren, I., *Der Drache mit den sieben Köpfen*, Stuttgart 2016

Wanshi Shogaku, *Shoyo-roku*, Frankfurt o.J. (vergriffen)

Yamada Koun Roshi, *Hekiganroku*, Bd. 1, München 2002

Yamada Koun Roshi, *Mumonkan*, München 1989

Veröffentlichungen von Doris Zölls

Zen, ein Weg auch für Christen, in: H. Radeck (Hg.), *Als Christ Buddhist? Auf der Suche nach der eigenen Spiritualität,* Hofgeismarer Protokolle 339, Akademie Hofgeismar 2005

Einem Meister begegnen, in: Peter Lengsfeld (Hg.), *Mystik – Spiritualität der Zukunft: Erfahrung des Ewigen,* Freiburg 2005

Zen ein Weg auch für Christen, in: J. Höcht-Stöhr/ M Seitlinger (Hg.) *Wie Zen mein Christsein verändert.* Freiburg, 2005

Der Mond in der Silberschale: Zen – die Tiefe des Lebens erfahren, Berlin 2006

Wie Zen schmeckt. Die Kunst des achtsamen Genießens, München 2009

Zen als Impuls für eine neue Kultur der Achtsamkeit, in: W. Jäger/ A. Poraj/ D. Zölls (Hg.), *Zen im 21. Jahrhundert,* Bielefeld 2009

Ohne Anfang, ohne Ende – Allumfassendes Bewusstsein, Wandel durch Offenheit, in: R. Porep (Hg.) *Stirb und Werde: Die Kraft des Neubeginns,* Saunstorf 2010

Meisterliche Zen-Rezepte. Achtsam kochen, lustvoll genießen, München 2011

Jederzeit erwachen. Zen mitten im Alltag, München 2012

Disziplin als Anfang. Der Zen-Weg zur Liebe, München 2018

Mumonkan: Sich selbst finden in den Weisheiten alter Zen-Koans, München 2019

Vita

Doris Myôen Zölls ist Evangelisch-lutherische Theologin und Zen-Meisterin der Willigis Jäger – Linie „Leere Wolke“.

Sie arbeitete als Pfarrerin in der Gemeinde und als Schulpfarrerin.

Seit 1986 hat sie die Zen- und Koan-Schulung bei Williges Jäger (Koun-ken Roshi), Kubota Ji'un Roshi und Yamada Ryoun Roshi durchlaufen.

2000 wurde sie von Kubota Ji'un Roshi zum Assistant Teacher ernannt; seitdem lehrt sie Zen.

Im August 2003 wurde sie mit der Übertragung des Darma-Namens „Myôen-an“ von Yamada Ryoun Roshi als Zen Lehrerin (Zen-kyôshi) der Sanbô Zen Schule eingesetzt.

Im September 2010 wurde ihr von Willigis Jäger (Koun-ken Roshi) das Dharma der Zen-Linie „Leere Wolke“ übertragen, die in der Überlieferungslinie der Linji-Schule des Bailin-Tempels Zhaozhou in China steht und die sie mit vier anderen Meisterinnen und Meistern leitet.

Von 2003–2020 war sie spirituelle Leiterin des Benediktushof: Zentrum für Spirituelle Wege GmbH www.benediktushof-holzkirchen.de/

Sie ist Mitglied im Präsidium der West-Östliche Weisheit Willigis Jäger Stiftung.

Mit ihrem Mann, dem Zen-Lehrer Frieder Zölls, lebt sie in München.

www.alltagszen.de